PassionFilz

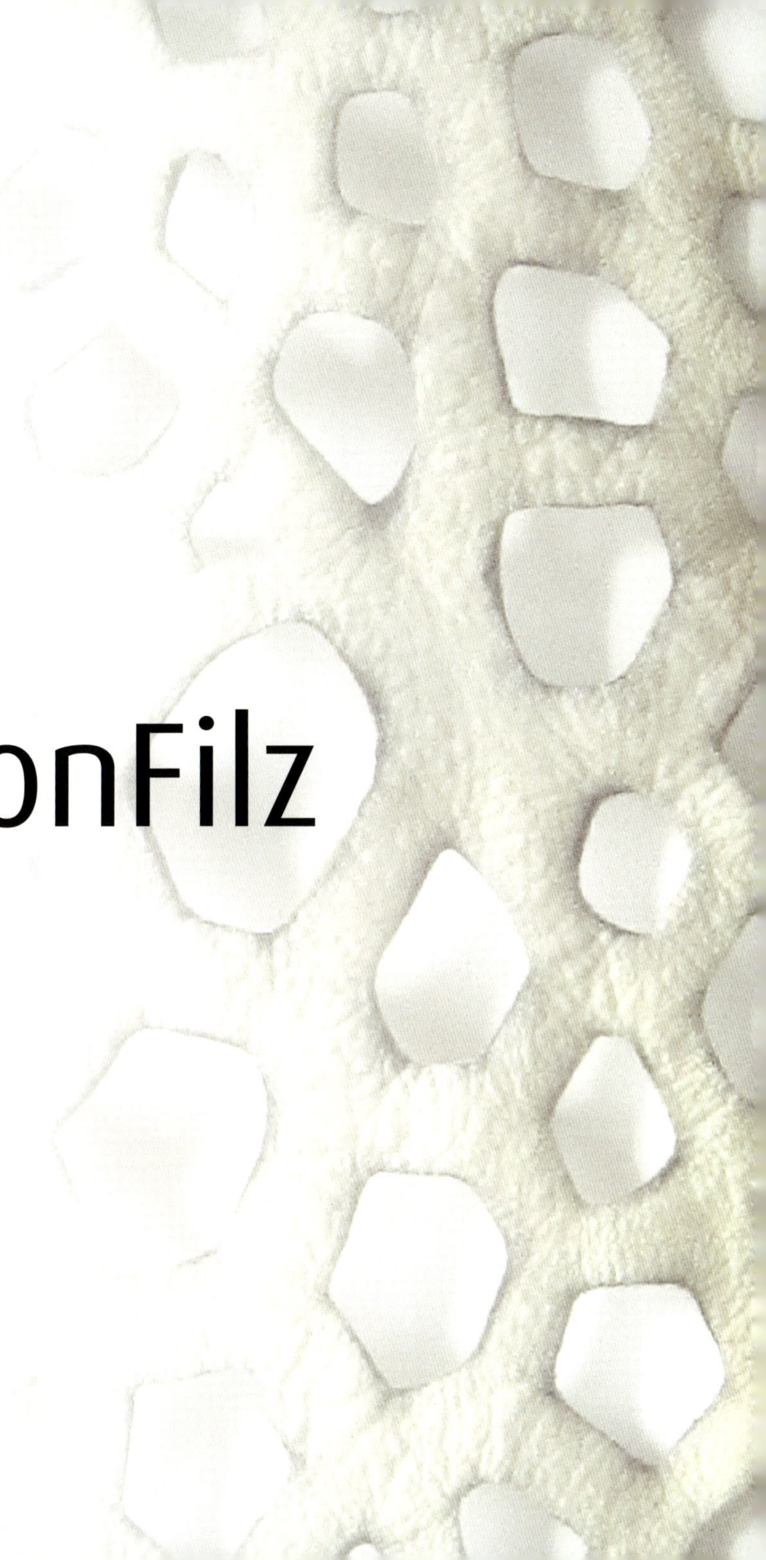

Dagmar Binder

Susan Imhasly
Seite 77

Sara Lechner
Seite 86

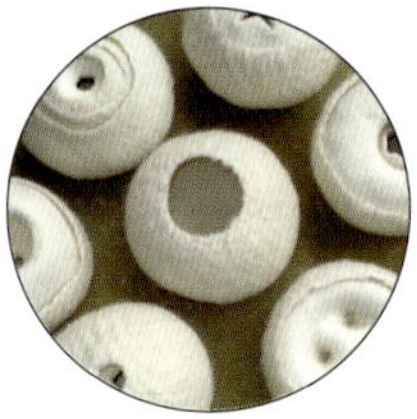

Sigrid Schwarzenberger
Seite 158

Anja Atzert
Seite 12

Gudrun Bartenberger-Geyer
Seite 24

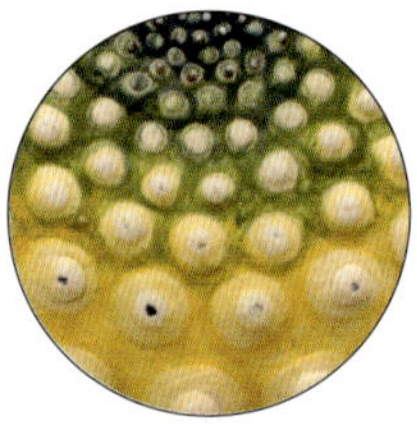

Maria Friese
Seite 50

Jakoba Harhammer
Seite 62

Ruth Zenger
Seite 188

PassionFilz

Ein farbenfrohes, grenzüberschreitendes Filz(kunst)buch

Nach dem Erfolg des vorhergehenden Buches 'Filzen ist für mich...', in dem 93 niederländische Filzschaffende ihre besten Arbeiten zeigen, erscheint nun eine inspirierende Fortsetzung: 'PassionFilz'.

In diesem neuen Buch zeigen 95 Filzschaffenden, die im deutschsprachigen Raum geboren sind oder dort leben aktuelle Arbeiten auf hohem Niveau und berichten, was Filz für sie so bedeutsam macht.

PassionFilz ist eine grenzübergreifende Zusammenarbeit zwischen:

- Ellen Bakker (Textil-link - Niederlande)
- Ricarda Aßmann (Deutschland)

Textil-link

Möchten Sie weiterhin informiert werden über Neuerscheinungen, textile Veranstaltungen und/oder möchten Sie an einem zukünftigen Buchprojekt mitwirken?
Dann schreiben Sie sich für den Newsletter ein oder legen Sie Ihr eigenes Archiv an.

Informationen:
www.textil-link.de
Facebook: Textillink

Die erste Begegnung mit Ricarda entstand durch ihre Bestellung der deutschen Version von 'Filzen ist für mich . . .'. Daraus entwickelte sich schnell ein sehr guter persönlicher Kontakt und der Plan, zusammen ein weiteres Filzbuch herauszugeben. Dieses Mal mit Filzschaffenden, die im deutschsprachigen Raum geboren sind oder dort leben.
Fast genau ein Jahr, mehrere Treffen, Telefonate und Tausende von Emails später liegt der Bildband 'PassionFilz' nun tatsächlich vor.

Mehr als 400 Filzschaffende reagierten auf den Aufruf, Fotos Ihrer Arbeiten auf der Webseite von Textil-link.de hochzuladen. Eine riesige Anzahl von Bildern beeindruckender Werke floss in die Archive.
Ich möchte an dieser Stelle allen Teilnehmenden – auch jenen, die trotz ihrer wunderschönen Bewerbungen unglücklicherweise keinen Platz in PassionFilz erhalten haben – für ihre Beiträge danken.
Dieses Buch wäre ohne sie nicht erschienen!

Mein besonderer Dank geht an Ricarda für diese gelungene Kooperation. Der Satz 'Zusammen machen wir Bücher', welcher jeder Veröffentlichung von Textillink zugrunde liegt, erhält hier eine zusätzliche Bedeutung.

Natürlich hoffe ich, dass Sie als Leserschaft nun genauso viel Freude bei der Lektüre von PassionFilz haben werden, wie wir bei der Zusammenstellung.

Genießen Sie die Farbigkeit, entdecken Sie neue Anwendungsmöglichkeiten und lassen Sie sich durch das Buch inspirieren.
Denn Filz ist an keinerlei Grenzen gebunden.

Ellen Bakker

Nicht erst seit der Entstehung meines ersten Porträtbuches 'FilzFrauen' fasziniert mich die Idee, Textilkünstler/-innen auf der ganzen Welt real oder virtuell zu begegnen, mit ihnen zu kommunizieren und Räume zu finden, Arbeiten auszustellen und Können und die Leidenschaft für ein Medium zu teilen.

PassionFilz ist ein Ergebnis dieser Vision und der Kooperation mit der Textilkunstplattform Textil-link. Das Glück, Ellen kennen zu lernen, und mit ihr zusammen das nun vorliegende Buch für den deutschsprachigen Raum verwirklichen zu können, war eine ganz besondere Erfahrung.

Über Ländergrenzen hinweg fast genau ein Jahr lang in engem Kontakt mit so talentierten Filz- und Textilschaffenden zu sein, aus der Fülle der eingesandten Beiträgen schöpfen zu dürfen, auch wenn wir leider nicht alle berücksichtigen konnten, hat uns sehr bereichert.

Ich bin sicher, dass es uns gelungen ist, Ihnen mit dem Bildband PassionFilz die wahrhaft grenzenlosen Facetten von Filzkunst und Filzkunsthandwerk vorstellen zu können, und Sie Teil haben zu lassen an dem Ideenreichtum, der Kreativität, der Philosophie und den schöpferischen Aussagen der Mitwirkenden. In diesem Sinne bin ich schon jetzt gespannt auf eine Fortsetzung der Buchreihe von Textil-link.

Bei der Betrachtung von PassionFilz wünsche ich Ihnen viele Impulse und Anregungen für Ihr ganz persönliches Faser-Werk!

Ricarda Aßmann

Elvira Altdorf

www.el.vira.de.vu

Mein Ziel ist, dieses Traditionshandwerk mit innovativer Moderne zu verbinden, eine alte Technik in zeitgemäßer Form umzusetzen, und dadurch meine feinen Stoffe entstehen zu lassen.
Die Leidenschaft für die Zartheit feiner Filzwerke treibt mich an und prägt mein kreatives Schaffen – mein Schwerpunkt liegt dabei im Bekleidungsfilz. Ich verwende vorwiegend hochfeine Merinowolle und elegante Seide, denn vor allem diese Fasern begeistern und inspirieren mich. Doch auch das Zusammenspiel anderer Materialien mit Filz oder ihr Einfärben machen mir eine experimentelle Arbeit möglich. So entstehen meine ganz eigenen Farbstrukturen beim Färben und Filzen.

Fotos: Trude Gisela und Elvira Altdorf

Violette Amendola

www.amendolavioletta.ch

Ich versuche Poesie, Wortschöpfungen und Begriffen mit Wolle eine Form zu geben. Dieses Suchen und Experimentieren beglückt mich.

Abbildungen:
Girotondo Metamorphose
Merino/Seide
Links: Durchmesser 21cm
Rechts: Durchmesser 60cm

Fotos: Jürg Messerli

Claudia Arndt und Birgit Sagel

www.derMantel.com

ArtCouture - Kleidung als erweiterter Raum der Seele. Unsere Seelen-Mäntel sind je nach Entwurf grob, zart, weich fließend oder fest. Sie können eine unterstützende archaische Wirkung haben, oder es ergeben sich, mit anderen Materialien kombiniert, spannungsvolle und poetische Gegensätze - was immer die Seele braucht. In Zusammenarbeit mit der Kundin entsteht der SeelenMantel – mit Schutzsteinen bestickt, mit kraftvollen Symbolen oder individuellen Bildern versehen. Das Naturprodukt Filz und Walk zeigt im Herstellungs- und Gestaltungsprozess ein EigenLeben, eine EigenArt - seine Unberechenbarkeit inspiriert, andere oder neue Lösungen zu suchen, fordert Kreativität und Flexibilität. Ein schönes Übungsfeld für Perfektionistinnen . . .

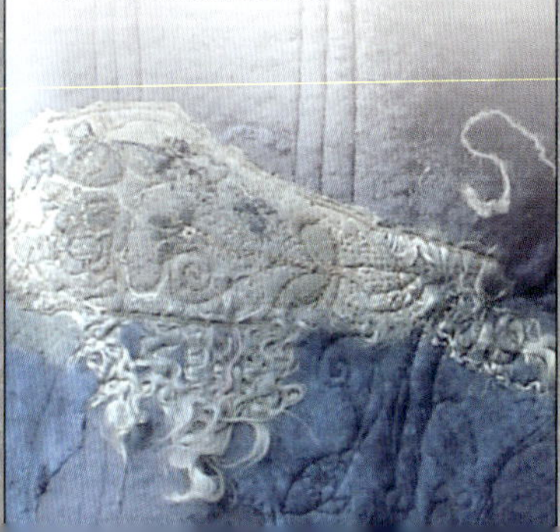

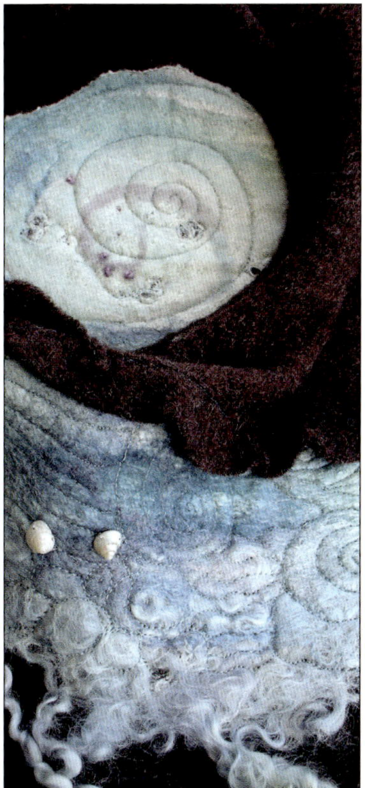

Fotos: Bernd Kasche

Ricarda Aßmann

www.filzfrau.de

Die Arbeit mit Filz ist für mich die verstofflichte Sprache meiner Hände und meiner Gedanken. Impressionen, elementare menschliche Emotionen und Seelenlandschaften sichtbar und im wahrsten Sinne des Wortes begreifbar zu machen, schenkt mir eine tiefe innere Zufriedenheit. Mich interessieren dabei vor allem Mehrdimensionalität, eigensinnige Strukturen und Oberflächen, und das nach außen wirksame Innere. Aufgebrochene, scheinbar zerrissene Partien, (An-)Teile, die sich widerständig zeigen, aus dem Rahmen fallen, ihren eigenen Ausdruck suchen, finde ich besonders reizvoll.

Fotos: Hans König

Anja Atzert

anja.atzert@freenet.de

Filzen ist für mich die Suche nach Formen, Farben, Materialien, dem Besonderen, Sonderbaren. Im Filz bin ich zu Hause, er ist mein fünftes Element.
So entstehen schöne, feine und nützliche Dinge. Dinge, die verdienen, dass man niemanden von ihnen überzeugen muss. Schmuckstücke entwickeln sich zu raumgreifenden Geschöpfen, kleinen Skulpturen für den Körper, anschmiegsam und leicht. Die Freude am Tragen spielt für mich eine ganz zentrale Rolle - steckt doch ein jedes Stück voller Emotionalität und Liebe zum Detail, hat einen ganz eigenen Charakter. Ich bin nie mit zweiter Wahl zufrieden, ich verändere und verfeinere so lange, bis es für mich erste Wahl ist.

Fotos: Jurgen Blom

Petra Bachmann

www.italianfeltacademy.it

Durch die Begegnung mit Agostina Zwilling, habe ich erfahren und verinnerlicht, dass Filzen eine Kunstart sein kann, ein Weg, den eigenen Gemütszustand auszudrücken und sichtbar zu machen. Filzen beglückt mich und ich erlebe jedes neue Werk als Herausforderung. Das Material zu berühren, zu sehen, wie es sich, zuvor für Stunden eingehüllt und verborgen, in ein einziges Stück verwandelt hat, vermittelt mir Freude.
Und es ermöglicht mir, bloße Worte durch eine mir viel nähere Sprache, nämlich die der Formen, zu überwinden. Die geordnete Unordnung, das ist Petra, artepetra.

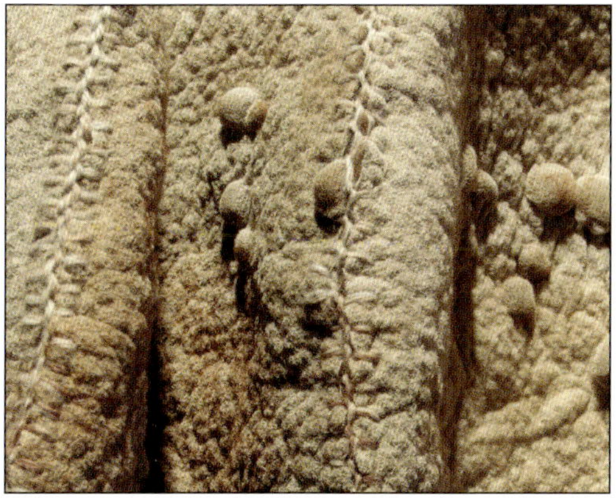

Fotos: Barbara Zonzin, Francesco Moretti und Italian Felt Academy

Yulia Badian

www.silkfelt.com

Filzen ist für mich ein Abenteuer ohne Ende, ein Weg und ein Ziel; kindliche Freude an der Magie von Wolle, Seide, Spitze und heißer Seifenlauge; Transformation und Kreation, das spielerische Erkunden von Farbe, Struktur, Dichte und Transparenz.
Inspiriert von Materialien und Techniken, die seit Jahrtausenden verwendet werden, und meinem Drang danach, diese Techniken ins 21. Jahrhundert zu bringen. Insekten, Pflanzen, der Tanz von Schwärmen aller Art, natürliche Muster, Shibori, Origami, Spitze, Märchen und Träume faszinieren mich und finden ihren Weg in meine Arbeit.

Fotos: Lucy Williams und Yulia Badian

Nilufar Badiian

www.nilufarbadiian.de

Filzen ist für mich eine große Bereicherung meiner Handwebarbeiten. Da ich feine Naturfasergarne in vielen Nuancen aufwändig pflanzenfärbe und verwebe, habe ich eine spezielle Filztechnik entwickelt, um den fertigen Stoff nicht zerschneiden zu müssen. Bei der Kleidung ermöglicht es mir ein Modellieren auf Körperform ohne Abnäher. Gefilzte, flauschige Flächen können dann übergehen in unbearbeitete, transparente und glatte Partien. Dadurch entstehen spannende visuelle und haptische Reize.

Fotos: Charlotte Löwenberg, Patrick Zier, Günter Claus, Frank Tappert und Nilufar Badian

Sigrid Bannier

www.bannier-filz.de

Filzen ist für mich die Verarbeitung eines Naturmaterials mit außergewöhnlichen Eigenschaften - eine Herausforderung, eine Einladung, ja fast ein Muss, mich mit anderen Gewerken auseinanderzusetzen . . . mit Elektrik für geFILZte Lampen, mit Schweißen für beFILZte Sitzgelegenheiten . . .
Seit über 10 Jahren begleitet mich, begleite ich die Wolle in ihrem Werden, ihrer Metamorphose von der Faser zum FILZ, bin ich begeistert von ihrer Ausdrucksvielfalt.
Ich bin überzeugt, dass wir die Tiefen des Themas FILZ erst ansatzweise berührt haben, und dass FILZ in sich ein unglaubliches Entwicklungspotential birgt.

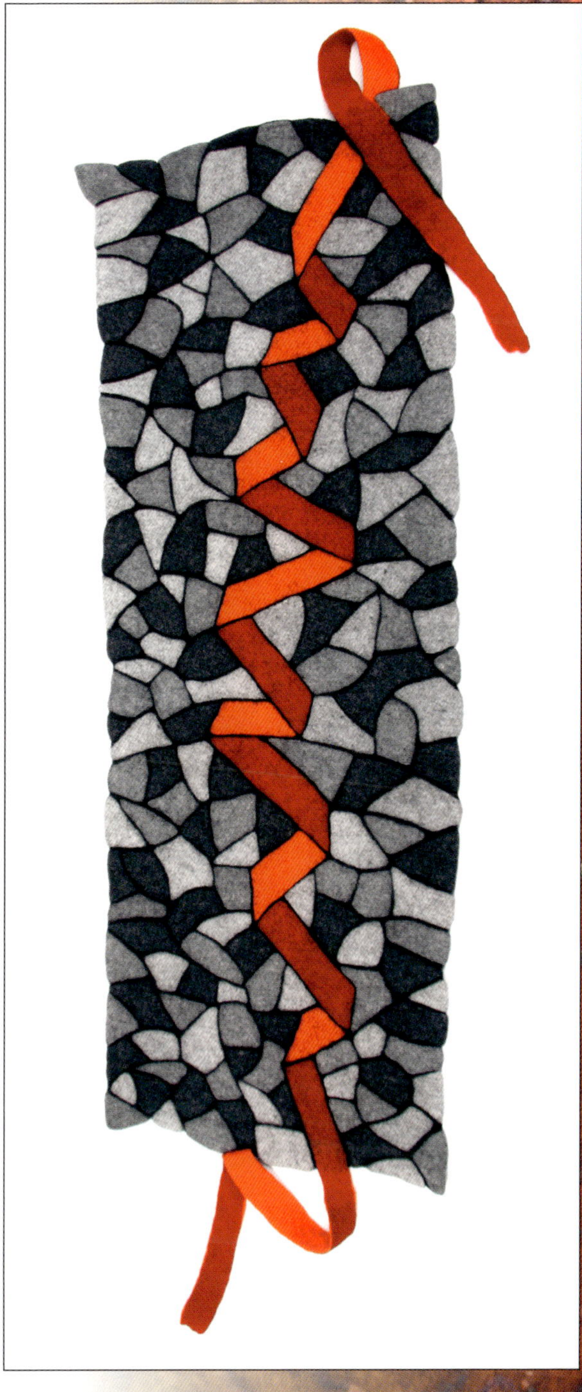

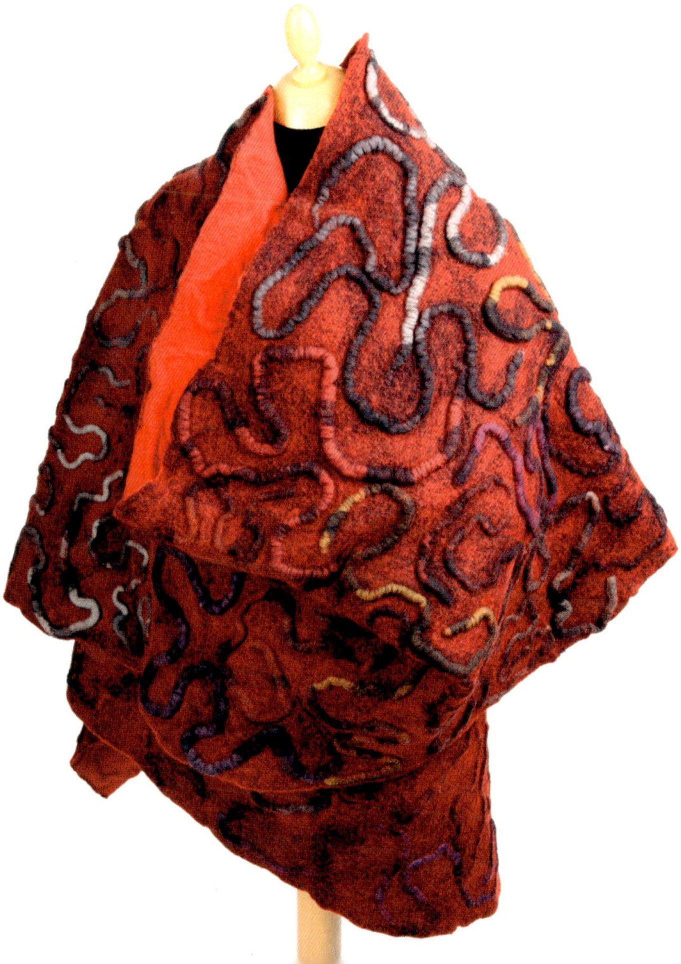

Fotos: Nicole Adams und Sigrid Bannier

Petra Bartels

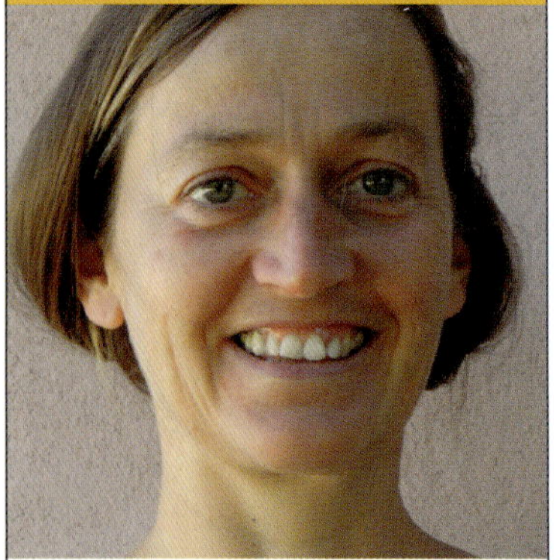

www.petrabartels.com

Filzen ist für mich eine sinnliche Erfahrung. Es entsteht eine Verbindung zwischen mir und dem Material, so wie die Fasern sich untereinander verbinden.
Im Filzprozess kann ich spontan und intuitiv auf das Werdende reagieren, das passt zu mir.
Es fasziniert mich, wie die Wolle sich unter meinen Händen verändert und sich mir immer wieder neue Wege des Ausdrucks eröffnen.
Filz ist warm, weich, leicht, kompakt, duftig, tragbar, befühlbar und hat Geruch, ist lebendig. Meine Arbeiten werden von Naturmaterialien getragen. Filzen ist für mich Schöpfen, Schaffen, Ausdauer, Energie, Freude.

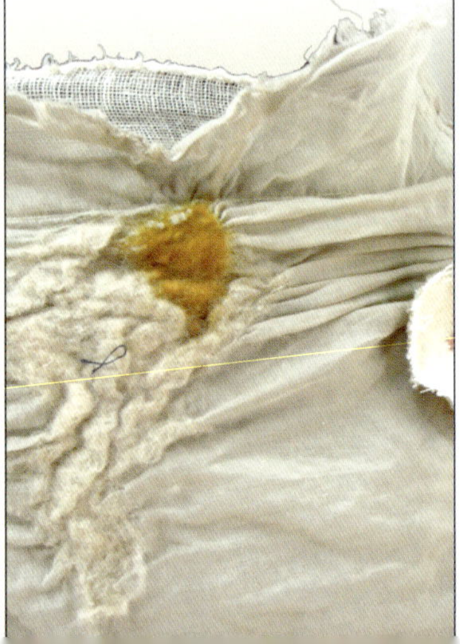

Fotos: Petra Bartels und Lucia Alessandrini

Gudrun Bartenberger-Geyer

www.gaenseklein.at

Wolle unmittelbar vom Schaf ist archaisch, weich, manchmal wild und ursprünglich.
Das Arbeiten mit Wolle eine der nachhaltigsten Tätigkeiten, durch eine lange Tradition verbunden mit der Vergangenheit.
Dieses Rohe, Traditionelle, Ungebärdige fordert mich immer wieder heraus, es umzuformen und daraus etwas Neues, etwas Schönes, Ästhetisches zu gestalten.
Die Zeit, die diese Stücke brauchen, um zu wachsen, ist ein kostbares Gut, das mir und ihnen mit auf den Weg gegeben wird.

Fotos: Marlene Rahmann

Inge Bauer

ibtextiles.de

Filzen ist für mich ohne Verwendung von technischen Hilfsmitteln gleichzeitig ein wunderbares Material, dreidimensionale Formen oder nahtlose, passgenaue Kleidung herstellen zu können . . .

Fotos: Ortrun Bauer und Rainer Kurt Vogel

Ulrieke Benner

www.ulriekebenner.com

Filzen ist für mich: Farbe, Freude und Magie mit der Welt zu teilen.

Fotos: Mike Azzarello und John Cameron

Dagmar Binder

www.textillabor.de

Mich faszinieren die Ausdruckskraft und die starke Präsenz des Materials Filz, seine sinnliche Qualität und die zahllosen Gestaltungsmöglichkeiten. Es ist erstaunlich, wie eine uralte, bestechend einfache und effiziente Technik gleichzeitig so enorm zeitgemäß eingesetzt werden kann. In der Arbeit mit Wolle kann ich textile, malerische und skulpturale Elemente einfließen lassen und so verschiedene Kunstformen miteinander verbinden. Jedes neue Vorhaben erfordert Experimentierfreude und Erfindungsgeist.
Ich genieße die unmittelbare Handarbeit und staune immer wieder über die Verwandlung der Fasern während des Filzprozesses und überraschende Details, die sich im Laufe der Arbeit ergeben.

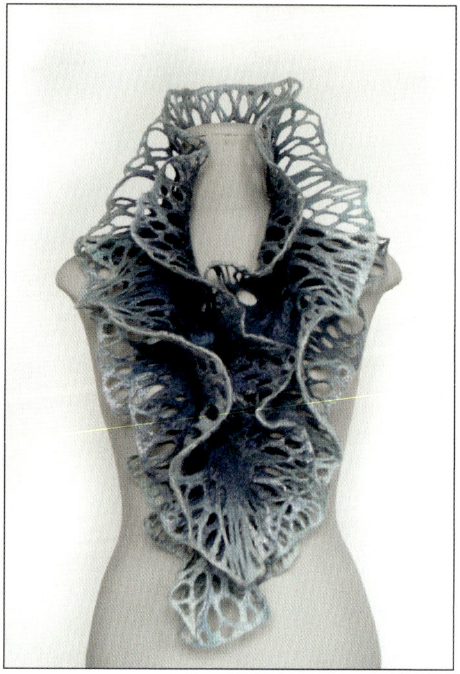

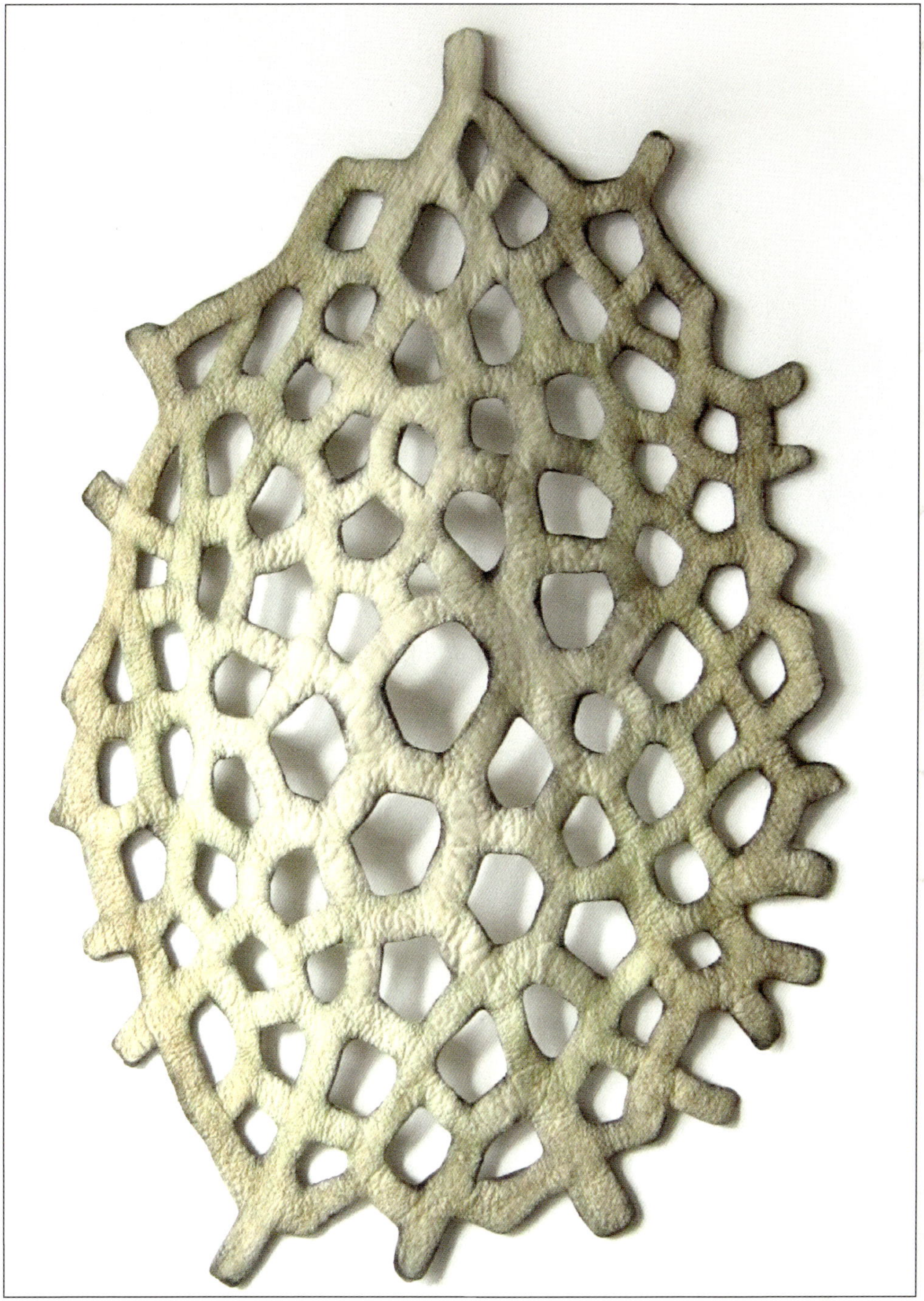

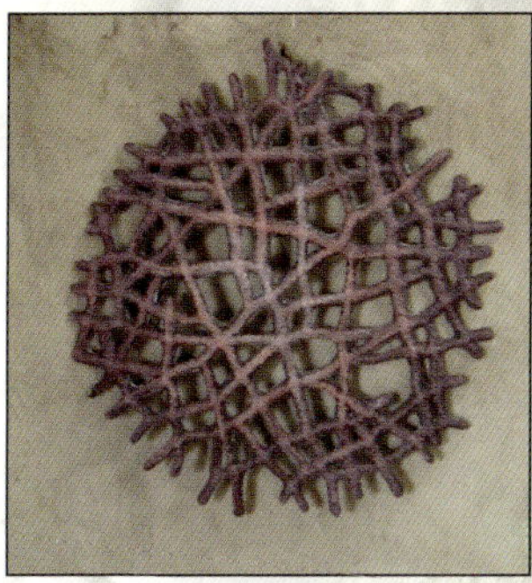

Fotos: Dagmar Binder und Lena Reiner - menschenfotografin.de (mit model)

Annette Block

www.Filzfreunde.de

Filzen ist für mich jedes Mal
ein neuer Anfang mit einem
überraschenden Ende.
Eine Reise ins Unbekannte und
Ungewisse. Immer wieder
Bewegung und Ausdruck meiner
Seele. Veränderung, Leidenschaft
und Vielfalt. Entdeckung immer
neuer Möglichkeiten. Zu leben
wie alle Welt und doch einzigartig,
wie keine andere zu sein.

Fotos: Mathias Ketz Lukas Block und Annette Block

Beate Bossert

www.diefilzlaus.de

Meine Arbeiten sind der Vielfalt des Filzes gewidmet, die mich auch nach so langer Zeit immer wieder mit neuen Möglichkeiten überrascht. Filz, der nicht absolut ist, sondern die unterschiedlichsten Verarbeitungsmöglichkeiten zulässt, der Perfektionismus ebenso zu schätzen weiß wie Experimentierfreudigkeit, der sowohl in Farbenüberschwang als auch in Reduktion der Farben seinen Charme entfaltet. Besonders reizvoll ist für mich der Kontrast hart – weich und die trügerische Illusion. Filz inspiriert mich, er kommuniziert mit mir, er ist selbstlos und geduldig, er verträgt keine Hektik, er umfängt und begleitet mich und eröffnet mir immer wieder neue Wege, Herausforderungen und Begegnungen.

Fotos: Carola Lach und Beate Bossert

Stefanie Buss

www.stefanie-buss-masken.de

Die Arbeit mit dem außergewöhnlich vielseitigen und ausdrucksstarken Naturmaterial Filz bedeutet für mich eine einmalige Chance, Theatermasken von animalischer Expressivität bauen zu können, wie es mit keinem anderen Material auf diese Art und Weise möglich wäre.
Inspirieren lasse ich mich bei meiner Arbeit von Naturbeobachtungen, aber auch sehr gern von Figuren, Fabelwesen oder klassischen Fabeltieren von Künstlern wie z.B. Martin Schongauer, Hieronymus Bosch, Grandville oder Maurice Sendak, der die "wilden Kerle" erfunden hat.

Foto: Matthias Raabe

Claudia Cappiello

www.filzzeit.net

Filzen ist für mich: Faszination, Vielfalt, der Weg mit Fasern und Farbe meine Ideen umzusetzen. Meinen ganz eigenen Rhythmus im Filzprozesses zu spüren und dabei selbst zur Ruhe zu kommen. Mich in Geduld und Ausdauer zu üben, Energie aufzuladen und schließlich Freude über Entstandenes zu empfinden.

Fotos: Claudia Cappiello

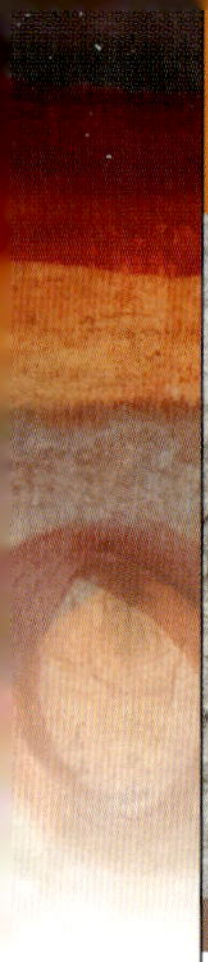

Heike Doll

www.heikedoll.net

Meine Bilder und Objekte verflechten die Eigenschaften von Raum und Zeit. Es ist mein Bestreben, das Bild durch Versiegelung aus dem Zyklus der Veränderbarkeit auszuschließen, um es in einen Zustand der Zeitlosigkeit zu versetzen.
Im Bildgedächtnis ist Gewesenes ebenso Bestandteil wie freie Plätze für Zukünftiges.
Die Idee ist es, sich als Künstler mit Zeichen und Formen in vorhandene Strukturen "einzumieten".
In der Auseinandersetzung mit Vorgefundenem und Eigenem als "Wegschöpfer in einer Landschaft aus Zeichen"(N. Bourriaud) eignet sich für meine Arbeit nichts ursprünglicher als Wolle flächig gefilzt.

"Um Ufer der Zeit" 2011 (210x100 cm)

"Kreis" 2011 (100x100 cm)

"Sommer" 2011 (80x70 cm)

Fotos: Fulvio Zanettini

Barbara Eichhorn

www.BE-filzt.de

Filzen ist für mich seit 1996 pure Leidenschaft.
Vor allem faszinieren mich die schier endlosen Möglichkeiten in der Gestaltung. Diese nutze ich gezielt für die Umsetzung meiner Entwürfe nahtlos gefertigter Bekleidung. Zudem wähle ich für meine Hüte, Jacken und Kleider oft unterschiedliche und überraschende Tragevarianten.
Und nicht zuletzt nimmt der künstlerische Aspekt zunehmend Raum in meinen Arbeiten ein.

Fotos: Karin Reichert

Karin Falter

www.henneganundco.de

Filzen ist für mich eine Freude, eine Wonne, ein Genuss.
Mich faszinieren die Vielfältigkeit des Materials, die unzähligen Möglichkeiten der Gestaltung und die daraus sprudelnde, schier unerschöpfliche Quelle an Ideen.
Ich stelle mir ein Wesen vor und auf wundersame Weise entsteht unter meinen Händen, was vorher lediglich ein Bild in meiner Fantasie war.
Ich liebe es, Menschen durch meine Arbeit zum Schmunzeln zu bringen.

Fotos: Andreas Geiner and Karin Falter

Dorothee Fichter

dorotheefichter.e2make.de

Filzen ist für mich immer wieder eine Herausforderung. Die Körperlichkeit des Materials spricht mich außerordentlich an, eröffnet mir stets neue Dimensionen des Ausdrucks. Dabei versuche ich den Filz besonders in puncto Stabilität und Tragfähigkeit auszuloten:
Ich kombiniere gezielt Wollfasern unterschiedlicher Schafrassen, experimentiere mit sehr dicken Filzen oder mit filigranen, selbsttragenden Objekten.
In meinen Arbeiten bevorzuge ich naturfarbene Wollen, deren Farbpalette ich aber auch mit gefärbter Wolle erweitere.
Eingefilzte Naturmaterialien wie Blätter, Blüten und Samen geben meinen Objekten eine überraschende Note.

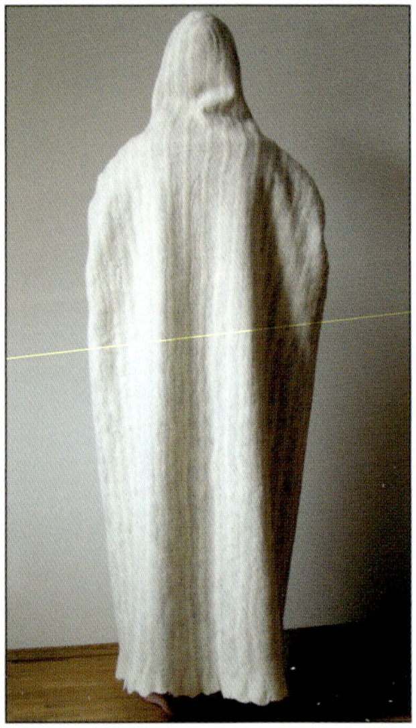

Fotos: Armin Andres

Dorothea Fischbeck-Horacek

dodi13@web.de

Filzen ist für mich zu Beginn des Entstehungsprozesses meine Vorstellungen aus meinem Kopf in meinen Körper fließen zu lassen. Darin auch Inspirationen durch andere Filzschaffende zu integrieren, auf deren ausdrucksstarke und kraftvolle Arbeiten ich immer wieder in Bild oder Begegnung treffe.
Im folgenden Schritt der Umsetzung fordert es von mir ein DRANBLEIBEN an dieser Tätigkeit - unter einer steten Abfolge des Abgebens, Aufwertens, Erneuerns, Verbesserns, Misslingens, Gelingens und Verknüpfens mit anderen Teilbereichen meines Lebens. Es schwingt sich nährend in mein Leben ein, und bringt mir Freude . . . und all das darf ich mitbestimmen.

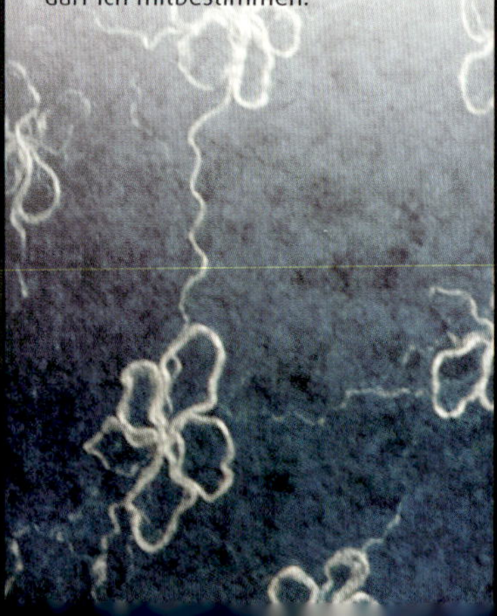

Fotos: Thomas Frischhut - Berlin

Maria Friese

www.mariafriese.com

Filzen ist für mich mit der Wolle in einen Dialog zu treten, sie intuitiv zu formen und zu gestalten. Mir selbst die Möglichkeit zu eröffnen, "emotionale Landschaften" sichtbar zu machen, mich aber auch der Herausforderung zu stellen, geometrisch klare Strukturen zu modellieren.
Ich mag das Experiment: Durch Pflanzenfärbung Lebendigkeit erzeugen, andere Fasern und Stoffe integrieren, exakte Formen und Motive erstellen, Reliefs herausarbeiten, Kontraste schaffen, und immer wieder meine eigenen Grenzen austesten und erweitern.
In monumentalen Werken sowie in kleinen Objekten für öffentliche und private Räume möchte ich Kunst und Nutzen zusammenbringen.

Fotos: Gilles Vanderstraeten

Masha Ginsburg

www.masha-ginsburg.com

Filzen ist für mich: Inspiration, Kreativität, Entspannung, Meditation, Aufregung, Freude. Filz fordert von mir Konzentration, Pünktlichkeit, Klarheit, viele Stunden intensiver Arbeit. Filz ermöglicht mir mein Auskommen, Reisen, neue Länder, Impulse, neue Wege und neue Freunde. Filz spricht mich an in all den Facetten meiner Persönlichkeit.

Fotos: Sina Winzler und Simon Meier / model: Renée Brokate / Makeup Anna Bartaschek

Heidi Greb

www.filzatelier-im-isartal.de

Filzen ist für mich "sich ein Fell zulegen". Schafwollhaare verbinden sich allein mithilfe von warmem Wasser, Seife und dem Druck der eigenen Hände zu einem unentwirrbaren Material - dem Filz. Dieser Prozess fasziniert mich durch seine Einfachheit und Ursprünglichkeit und gleichzeitig durch seine unerschöpflichen kreativen Möglichkeiten.
Von der Rohwolle bis zum fertigen Modell - alles liegt in meiner Hand. Neben (gefärbter) Merinowolle, Seiden- und Torffasern, verwende ich seit einigen Jahren verstärkt Rohwollvliese und Locken, z.T.pur. Kleidung ist Schutz und Schmuck für den Menschen, legt sich wie eine zweite Haut - ein "Fell" um den Körper.

Fotos: Ralf Hofer und Heidi Greb

Delia Grimm

www.augentrost.info

Filzen ist für mich im Kleinen und Kleinsten die wunderlichsten Dinge zu entdecken, Unbelebtes zu beleben, Worten Einlass zu gewähren.
So entstehen kleine Geschichten in Filz - gerne aus eigenhändig urbargemachter Wolle heimischer Schafe. Leiten lasse ich mich durch Fundstücke, Märchen und Worte, die nachhallen.
Auch in der Kursarbeit mit den verschiedensten Menschen verbinden sich Gespräche, Lachen und gemeinsames Tun zu einem kraftvollen Ganzen - und sei es noch so klein. Wie die Fasern, die von innen nach außen dringen, wandern Gedanken und Bilder beim Filzen vom Herz zur Hand.

Foto's: Bella Grimm

Hella Grünhage-Hoffmann

www.hellgruen.com

Filzen ist für mich die Welt mit anspruchsvoller Qualität, ausgewähltem Material und individuellem Design zu begeistern!

Taschen ohne Naht und Aber sind meine Leidenschaft!

Aus einem Nichts von hauchdünnen, einzelnen Wollfasern entsteht beim Filzen allmählich eine weiche Hülle. Erst im fortschreitenden Prozess entwickelt sich daraus eine faszinierende Wollstruktur, die sich wunderbar modellieren lässt.

Und final ist es EINE Form. EIN Korpus. EINE Skulptur. EINE TASCHE von HellGrün!

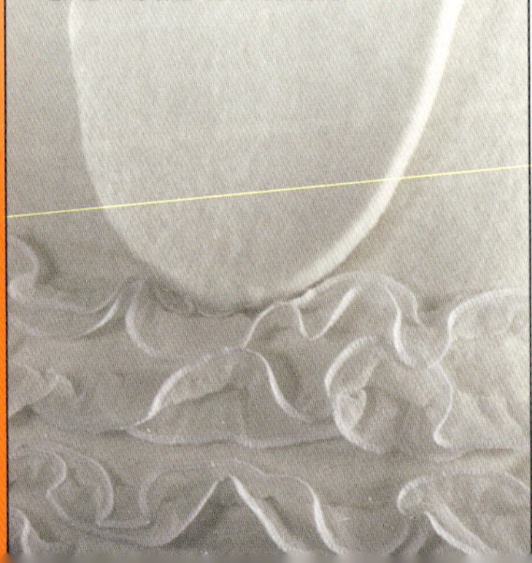

Susanne Hanne

www.felt-d-sign.de

Filzen ist für mich eine inspirierende Reise in die Welt der Farben und Formen. Zugleich fasziniert mich die Festigkeit oder Leichtigkeit einzelner Objekte – je nach ihrer Bestimmung.
Durch gezielte Materialauswahl, individuelle Entwürfe und genaue Berechnungen entstehen Werke mit sehr unterschiedlichen Aussagen.
Es bereitet mir große Freude, neue Projekte zu planen und in die Tat umzusetzen. In der Arbeit mit Wolle und anderen Materialien sind hier meiner Kreativität keine Grenzen gesetzt . . .

Fotos: Peter Hanne

Jakoba Harhammer

fara-ona@web.de

Filzen ist für mich im Kontakt mit dem Haarkleid eines Schafes einen Stern vom Himmel pflücken zu können. Welch ein Glück!

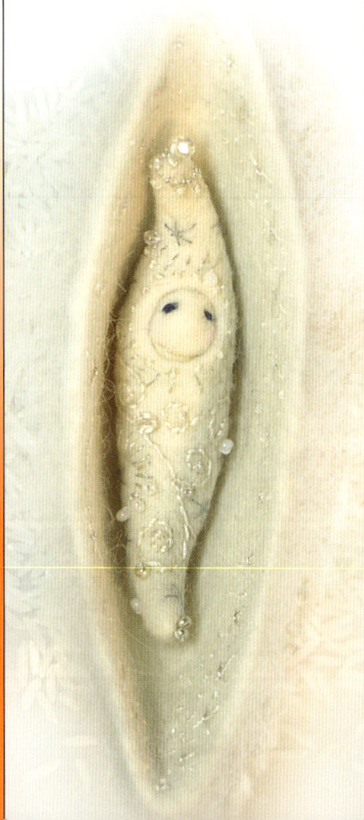

Fotos: Raoul Harhammer

Evelyn Hermann

www.filzatelier-elfenzauber.de

Eine meiner zwei großen Leidenschaften ist das Filzen und Färben von feinster Merinowolle und Seidenstoffen. Ich liebe meine Farbkompositionen sehr und es macht mir viel Freude für andere Menschen etwas Wundervolles daraus zu fertigen. Ich bin jedes Mal aufs Neue begeistert, wie ein Schal seine Trägerin findet und sie traumhaft umkleidet. Meine zweite Leidenschaft ist mein Glaube – also habe ich angefangen, ausdrucksvolle Bibel- und Buchhüllen zu filzen. Ebenso fertige ich Hüllen für Laptops, Handys oder Tagebücher . . . es ist einfach toll, wenn sich mehrere Leidenschaften verbinden lassen.

Fotos: Müller Mediengestaltung

Sabine Herrmann-Michels

www.feltro.ch

Filz ist für mich eines der sinnlichsten Materialien, das die Verbindung mit aktuellen Modetrends, einem „new urban lifestyle" nicht scheuen muss. Er ist sowohl ein Universum an Wollarten und gestalterischen Möglichkeiten, als auch Freundschaft und Begegnung mit großartigen Handwerkerinnen und Künstlerinnen. Seit einigen Jahren beschäftige ich mich mit einheimischen, ungewaschenen Wolllocken – welche Unordnung, wie bescheiden und irritierend sinnlich. Meine daraus entstehenden Interieurs gehen „back to the roots" – zurück zu Wärme und Schutz. Ich versuche die Gegensätze und Möglichkeiten die Filz bereithält, auszureizen – fest oder weich wuchernd, hauchdünn und durchscheinend, archaisch wild und zurückhaltend in Farbe und Form.

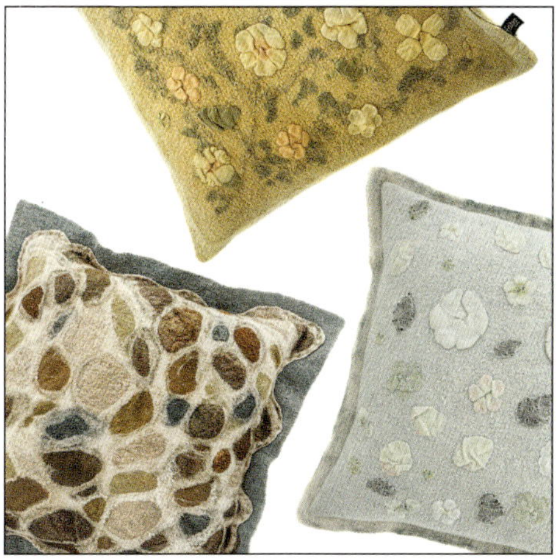

Fotos: kreativlott.ch und Manuel Schweizer

Ursina Hitz Jörimann

www.hitzfilz.ch

FILZ von A-Z:
- Ausgleich
- Bewegung
- Chaos
- Dauer
- Erfüllung
- Freude
- Gestalt
- Herausforderung
- Interesse
- Jurte
- Kraft
- Lust
- Muße
- Natur
- Ordnung
- Pracht
- Qualität
- Ruhe
- Sanftheit
- Transparenz
- Unbegrenztheit
- Vernetzung
- Wunder
- "Xundheit"
- "Yuppie"
- Zufriedenheit.

Fotos: Andrea Jorimann-Hitz und Ursina Hitz Jorimann

Edith Hofer

www.edyta.it

Filzen ist für mich jeden Tag aufs Neue meiner Kreativität und meinen Ideen Ausdruck verleihen. Skulptur und Malerei, Handarbeit und Handwerk, Auge und Fertigkeit, Mode und Zeitlosigkeit. Die Grenzen öffnen in der Kombination von Materialien und alten und neuen textilen Techniken . . .

Fotos: Johanna Innerhofer und Edith Hofer

Stefanie Holzgräwe

www.steffis-filzwerkstatt.de

Filzen ist für mich:
- Ausdruck
- Gefühl
- Leidenschaft
- Meditation
- Therapie
- Kraft
- Natur
- Wahrnehmung
- Sinnlichkeit
- Bewegung
- Farbspiel
- Struktur
- Experiment
- Handwerk
- Kunst
- Glück
- Zufriedenheit

und letztendlich
ein Teil in und
von mir!

Fotos: Britta Hansen und Stefanie Holzgräwe

Julia Hühne-Simon

www.zeit-fuer-natur.de

Die Liebe zur Natur hat meinen Lebensweg nachhaltig geprägt. Ein Tag am Meer, ein Waldspaziergang – hier finde ich Inspirationen für mein Schaffen. Das Naturmaterial Wolle ermöglicht mir, das Spiel natürlicher Farben, Formen und Strukturen in Accessoires und Objekte einzuarbeiten. Dabei liegt für mich die Harmonie des Filzens im Zusammenspiel der Gegensätze: Fest und leicht, zart und warm, gestaltet doch natürlich. Ökologie und Nachhaltigkeit sowie das Experiment mit verschiedenen Materialien sind wichtige Gesichtspunkte meiner Arbeit: Was lässt sich im Filz „festhalten", welche Strukturen entstehen? Harmonische Naturfarbspiele und haptische Vielfalt setzen die Akzente bei der Entstehung meiner Natur-Unikate.

Fotos: Ronald Simon und Julia Hühne-Simon

Sabin Imhasly

www.twinfelt.com

Filzen ist für mich eine Möglichkeit, die Inspirationen aus der Natur umzusetzen und mich zu entfalten – und zugleich ist das Filzen für mich ein Weg zurück zur Ursprünglichkeit.

Fotos: Sabin Imhasly

Susan Imhasly

www.twinfelt.com

Filzen ist für mich grenzenloses Ausleben und Umsetzen meiner Kreativität.
Ein Spiel mit Farbe, Form und Funktionalität. Ursprünglichkeit in einer schnelllebigen, technisierten Welt. Zeit, in mich zu gehen und meinen Gedanken ihren Raum zu verleihen. Eine Art, meine Art, die Welt zu sehen und zu interpretieren.

Fotos: Susan Imhasly

Uli Jobst

cu.jobst@freenet.de

Filzen ist für mich das Eintauchen in eine andere Welt. Dabei fasziniert mich vor allem die Lebendigkeit und Vielfältigkeit, die in der schlichten Schönheit naturfarbener Wolle steckt: Ihr Geruch, ihre Haptik, die Möglichkeit des plastischen Modellierens. Zum Filzen gehört der zarte, behutsame Umgang mit ganz feinen Fasern ebenso dazu wie das Walken, wo ich meine ganze Kraft und Energie auf das Werkstück übertragen kann.

Fotos: Stefan Polster, Uli Jobst und Ricarda Aßmann

Marion Kaesmayr

www.myosotis.de

Filzen ist für mich Arbeit für die Seele! »myosotis« – kleine und feine Schmuckstücke und Accessoires, Kleidung und Kunstobjekte aus feinster, meist handgefärbter Merinowolle. Ich arbeite vorwiegend in Nunotechnik und liebe die Ausschmückung einer Oberfläche. Mein Fokus richtet sich auf Filztechniken in Verbindung mit kreativen, freien Textiltechniken. Die Materialauswahl ist ein Mix aus Alt und Neu.
Die Haptik des Filzes, die Lust am Experimentieren und die Auswahl unter vielen Materialien bringen mich zu innerer Freude und meditativem Schaffen von beseelten Unikaten. Meine große Leidenschaft gilt dem Mixed Media und freien Sticken, und seit 2007 der Arbeit als Chefredakteurin der Fachzeitschrift »verFilzt Und zugeNäht«.

Fotos: Hans König und Ricarda Aßmann

Mechtildis Köder

www.manu-creantes.de

Filzend bewege ich mich durch Zeiten, Räume, Materialien- ein Prozess fortschreitender Veränderung. Im Dialog mit diesem ursprünglichen Material werden all die Konnotationen, die es über Jahrtausende aufgenommen hat, transformiert. Vor allem über Filz bin ich archaischen Zeichen, Symbolen und Ornamenten bewusst begegnet. Ich begreife Filz als das Medium, dieser reichhaltigen Formensprache zu neuer Bedeutung und Ausdruckskraft zu verhelfen. Tierische und pflanzliche Fasern verbinden uns mit unseren Wurzeln und sind Gegenpol zu Schnelllebigkeit und Entfremdung. Sprechen „handgreiflich" aktuelle Themen an: Die Suche nach den eigenen Wurzeln, dem eigenen Kraftort, die Sehnsucht nach Stille – der Weg zur eigenen Mitte.

Fotos: Fotostudio Schwarzenberger, Gisbert Grainberg, Digitalis foto, Mechtildis Köder und Michael Kiel.

Heike Kojman

www.FilzAffairen.de

Filzen ist für mich modern, passt gut in die heutige Zeit, mit seinen multifunktionalen Anwendungsmöglichkeiten.
Es überrascht mich immer wieder aufs Neue, gibt mir Entspannung bei den einzelnen Arbeitsvorgängen, sowie Anspannung zu gleich, ob es auch meinen Vorstellungen gerecht wird.
Nach Fertigstellung erstaunt es mich immer wieder, was ich mit Wolle, Seife, Wasser und meinen Händen erschaffen kann.Bei jedem Filzstück lasse ich mich auf eine neue spannende Affäre ein.

Fotos: Nadja Kammer - Fix Foto Digital

Sara Lechner

http://thefabricofmeditation.blogspot.com.ar

Filzen ist für mich meine Art, mich auszudrücken.
Ich verwende Filz hauptsächlich als Basis für Stickerei und Applikationen. Meine Filzgeschichten sind das Ergebnis.

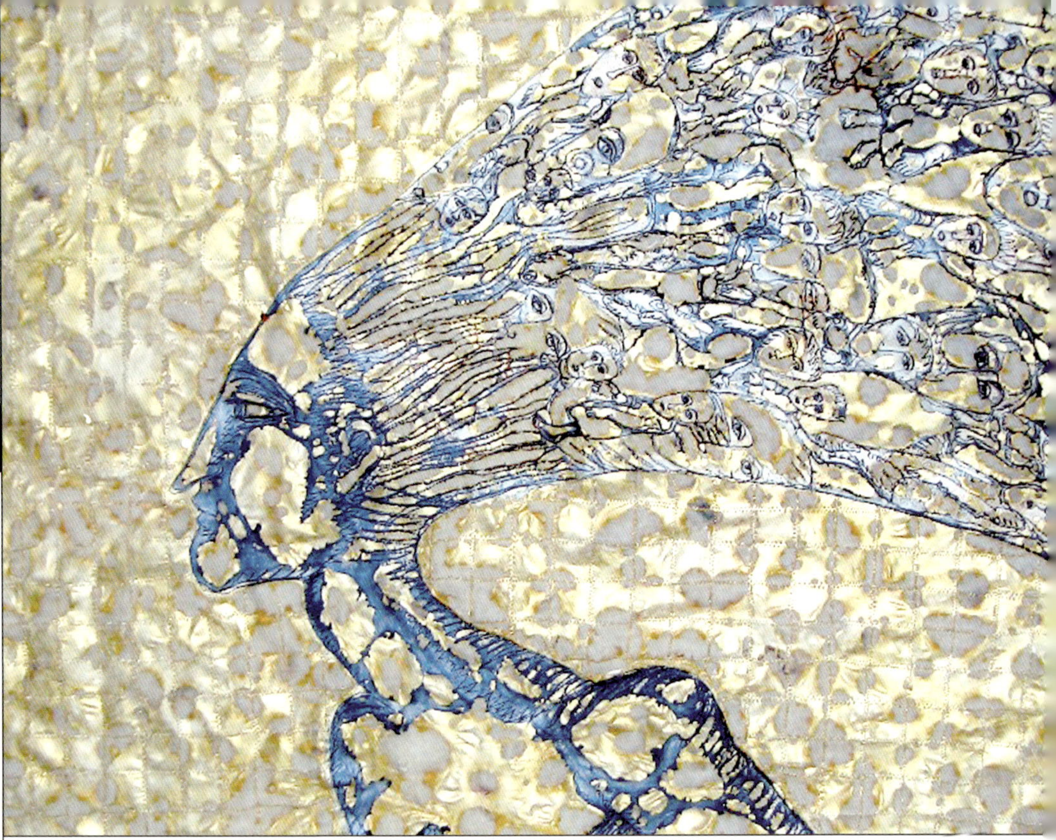

Fotos: Sara Lechner und Pablo Jäger

Maike Leja-Breitlauch

www.filzblau.de

Filzen ist für mich eine runde Sache. Der Hauptteil meiner Arbeit ist die Fertigung von Hohlkörpern, speziell runde, kugelige Formen. Filz zu beleuchten und hierfür die geeigneten Möglichkeiten zu finden, gehört ebenfalls zu meinem Weg im Filz. Daraus entstanden KugelLeuchten mit LEDs und transparente Filze für Windlichter und Glaszylinder-Lampen. Der Filzprozess stellt mich immer vor neue Entwicklungsaufgaben und lässt zugleich viele neue Ideen entstehen.

Fotos: Martina Buchholz, Peter Breitlauch und Maike Leja-Breitlauch

Margarete Lempp

mallempp@gmx.de

Filzen ist für mich Begeisterung über die Verbindung von größter Vielfalt und gleichzeitig größter Einfachheit. Hände, Wasser und Wollfasern. Tradition und Verbundenheit mit einer Jahrtausende alten Ursprünglichkeit - gleichzeitig eröffnet sich ein Zugang zur Moderne. Doch Filzen ist auch eine gelungene Verbindung von Kunst und Handwerk. Beim Filzen tauche ich ein in das Reich der Farben; Mischungen und Nuancen entstehen. Die Hände gestalten, aber Kopf und Herz sind immer dabei. Vorsicht und Zartes sind ebenso gefragt wie Kraft und Ausdauer. Der Filz meiner Amulette ist bestickt, bemalt, gefaltet, gebunden, gefärbt.

Fotos: Lea Thomas und Margarete Lempp

Dorit Löffler

www.miufeij.de

Das Arbeiten mit Wolle birgt für mich im Wandeln des Materials die Möglichkeit, dem entstehenden Objekt poetische Qualitäten zu entlocken.

Photos: Franziska Frenzel und Annett Poppe

Gabriele Mazaracis

www.filzkram.de

Filzen ist für mich Spannung pur! Doch auch Loslassen, zu Ruhe kommen, Abtauchen . . .
Meine Tiere und Figuren entstehen meist ohne genauen Plan, sie wachsen aus der Grundform heraus, bekommen, Arme, Beine, Ohren, Schwanz und „Fell" - ganz so, wie es sich gerade ergibt. Meine Hände versuchen nur ein wenig zu lenken, und so bleibt der gesamte Filzprozess aufregend und lebendig; besonders, wenn sich gegen Ende der Arbeit der individuelle Charakter eines gefilzten Wesens deutlich erkennbar herausbildet.

Fotos: Gabriele Mazarakis

Gabi Mett

www.gabi-mett.de

Filzen bedeutet für mich, aus Fasern, Stoffen und anderen Materialien ausdrucksstarke textile Bildobjekte zu schaffen. Ich verwende jede Art von Filz, hand- oder industriell gefertigt. Der Stoff wird während des Arbeitsprozesses mit der Filzmaschine verändert und zu mehreren Lagen zusammengefilzt. Die Ergebnisse interpretiere ich weiter mit textilen Techniken, um eine interessante Oberflächengestaltung zu erzielen. So nutze ich Siebdruckverfahren oder bemale die Untergründe mit Spachtel, Pinsel und Acrylfarbe. Auf diese Weise entstehen kleine Bildwelten, Wand- und Raumobjekte.

Fotos: Robert Horn

Karin Miethaner

Karin.miethaner@online.de

Nach jahrelangen Experimenten mit verschiedensten Kreativtechniken fand ich im Filzen die Gestaltungsmöglichkeit, die mir eine maximale Freiheit in der Umsetzung meiner Leidenschaft für Farbe, Muster, Form und Struktur bietet. So fertige ich heute vor allem Wandbehänge und Wohnaccessoires, mit denen ich Räume freundlicher und ansprechender inszenieren möchte. Besonders glücklich macht es mich, wenn meine Arbeiten den Menschen ein Lächeln ins Gesicht zaubern, sie sich mit mir an der Haptik der Oberflächen, der optischen Vielfalt erfreuen.

Fotos: Karin Miethaner

Jana Muchalski

http://www.anajskreativestagebuch.blogspot.com

Filzen ist für mich das Eintauchen in den Moment, (m)ein Spiel mit Farben und Formen, Kontakt und Verbindung, Meditation durch Aktion, gelebtes Schöpfertum, Entwicklung und FREUDE!

Fotos: Jana Muchalski und Rainer Holle

Judith Mundwiler

www.judithmundwiler.ch

Seit Jahren interessiere ich mich für neue textile Techniken. In meiner Ausbildung zur Werklehrerin haben wir uns ausgiebig mit Nassfilzen beschäftigt. Aber der Funken ist damals nicht übergesprungen.
Als ich vor einiger Zeit die Trockenfilzmaschine kennenlernte, war das die Entdeckung für mich. Ich erforsche damit die Möglichkeiten der Gewebeveränderung und der Gestaltung von Stickhintergründen mit Recyclingmaterial. Ich verarbeite Papier, Fruchtnetze, Teebeutel, Alufolien und vieles mehr zusammen mit Industriefilz, Stoffresten und transparenter Organza, die ich zuerst in einer eigenen Siebdruckmethode bedrucke und mit der Filzmaschine zusammenfüge.
Auch suche ich neue Wege in Kombination mit Sticken und Malen.

Fotos: judith mundwiler

Claudia Nicolaidis

www.kunst-stoff.info

Filzen ist für mich kreative Auseinandersetzung mit mir und dem Material, meine Lösung für Fragen der Zeit. Filzen erdet und vertieft das Leben. Der Prozess an sich - von der Idee über unzählige Versuche, Niederlagen und Experimente bis zum fertigen "Produkt" - ist für mich Antwort auf die zergliederten Arbeitsprozesse in unserer modernen, globalisierten "Just-in-Time"-Welt. Die Herstellung, das Finden der Lösung zur Realisierung meiner Idee interessiert mich meist mehr als das fertige Ergebnis. Reizvoll finde ich die Arbeit mit Vorfilzen und die Herstellung von Meterware, die in unterschiedlichen Arbeitsprozessen und Stadien weiterverarbeitet werden kann.

Fotos: Claudia Nicolaidis und Alexandra Meine

Corinna Nitschmann

www.cornit.info

Filzen ist für mich Gefühle aus meinen Händen fließen lassen und gelegentlich Menschen darin einhüllen. Ventilation in schweren Zeiten, Fusselzwitschern in schönen Zeiten, Spiel, Leidenschaft, Meditation, Einkehr, Filzherz-klopfen.

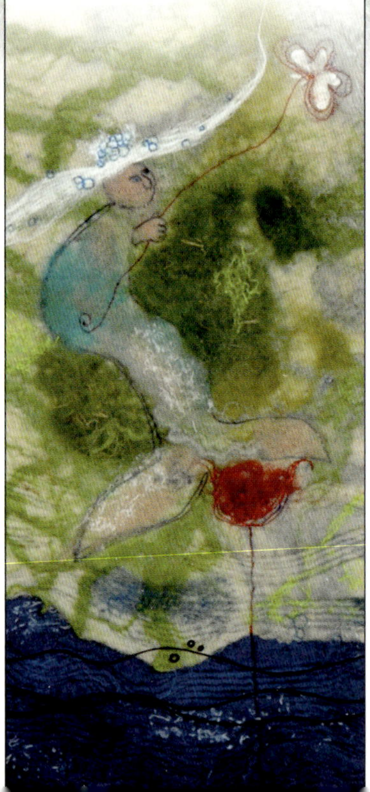

Fotos: Corinna Nitschmann

Andrea Noeske-Porada

www.kunst-im-souterrain.de

Einfach:
Konstruktion
Präzession

Klar:
Linie
Raum
Geometrische Form
Wiederholung

Filzen bedeutet für mich, Konstruieren mit Fasern. Mit Vorliebe arbeite ich räumlich, Objekte, Reliefs und dreidimensional strukturierte Flächen. Filz erlaubt mir in allen Dimensionen arbeiten zu können.

Scheinbare Widersprüche auflösen, Grenzen des Materials und der Technik ausloten, das vermeintlich Unmögliche möglich machen sind Antrieb und Idee vieler meiner künstlerischen Arbeiten.

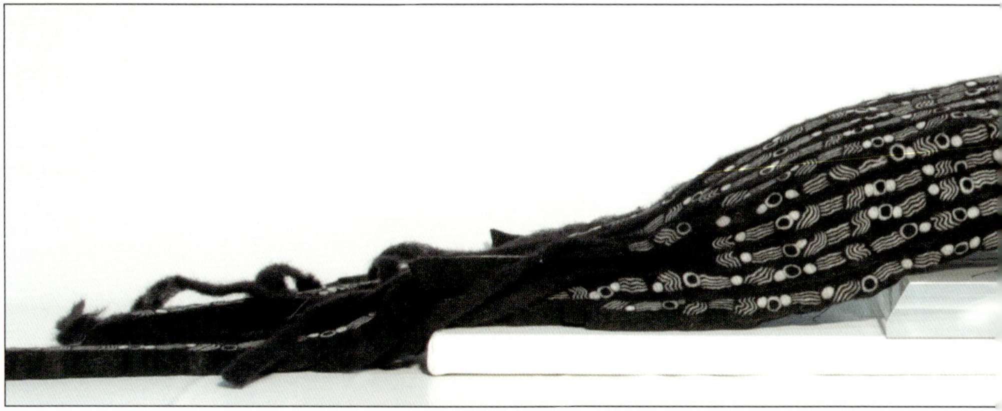

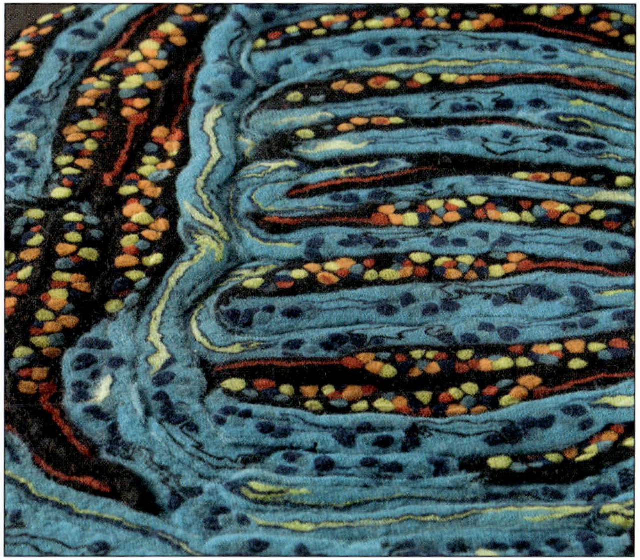

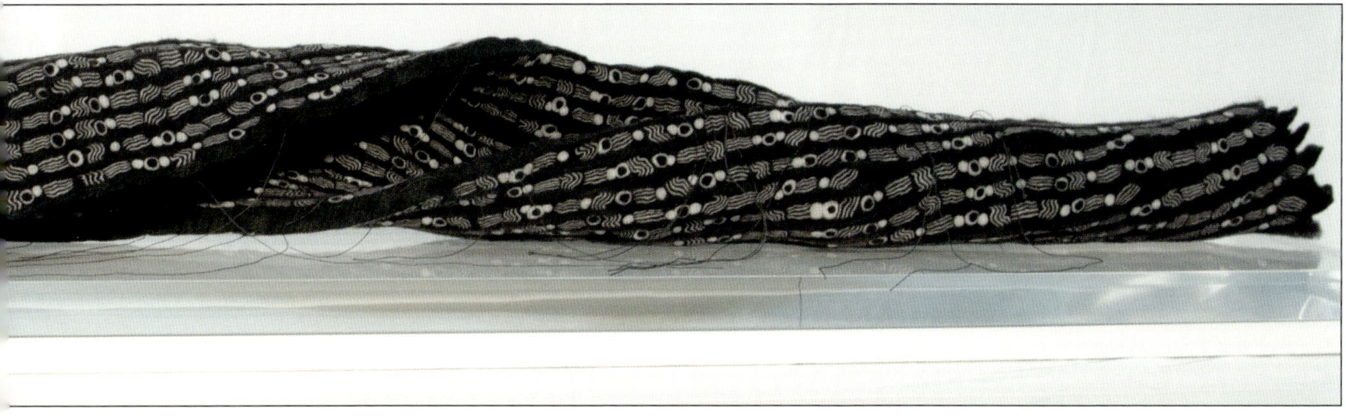

Photos: Erika Glanzer & Tina Bender

Birgit Nurtsch

www.filzseitig.de

Filzen ist für mich ein Spiel mit Fasern und Farben, Recycling, mal leicht, mal anstrengend. Es zaubert ein Lächeln in mein Gesicht, macht in mir Verborgenes sichtbar – ermöglicht mir die Umsetzung meiner Ideen in wunderbar wärmende, schmückende, aber auch tröstende und stärkende Filzkreationen.

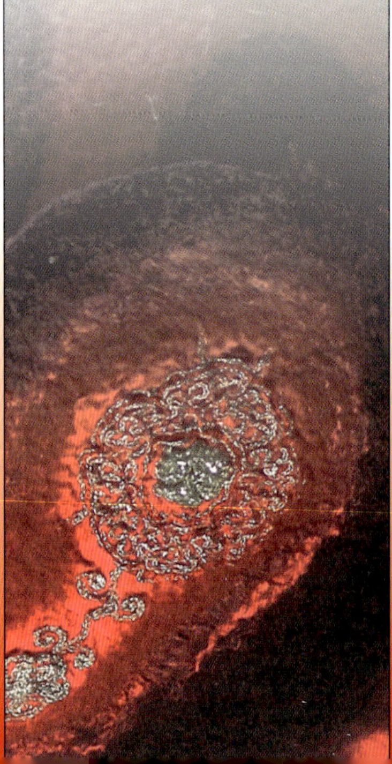

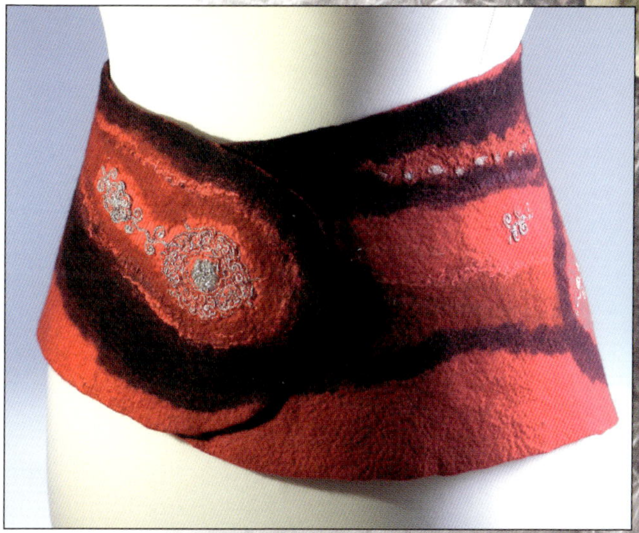

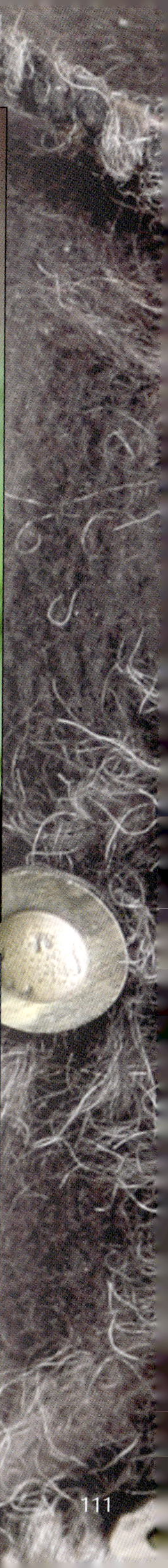

Fotos: Harald Nurtsch

Agnes Pernull-Hammer

agnes.pernull-hammer@aon.at

Filzen ist für mich eine große Bereicherung und immer wieder herausfordernd und belebend für meinen Körper, meinen Geist und meine Seele.

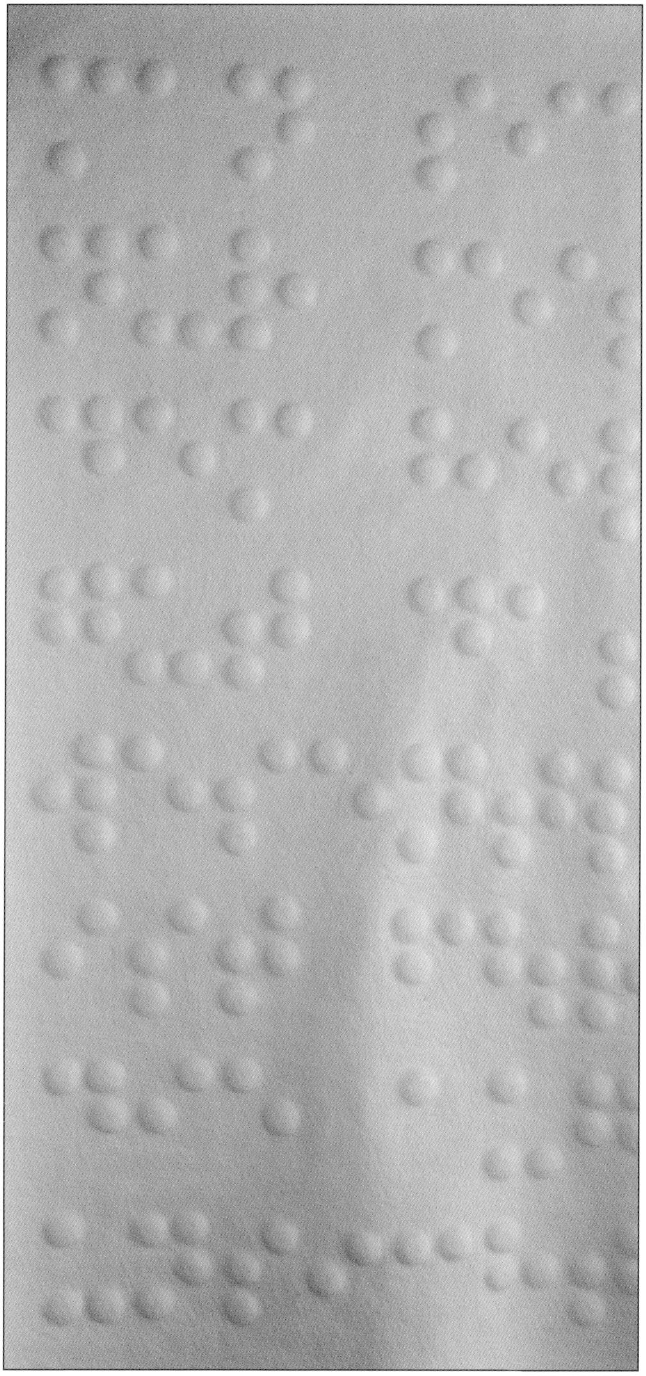

Fotos: Franz Hammer

Katrin Pesch

www.trinepesch.de

Filzen ist für mich gleich einer sprudelnden Quelle in der Morgenstille. Farben leuchten in meinem Inneren auf, dann Muster, und schließlich eine Form. Ich fühle die feine Wolle auf der Haut, sehe schon das anschmiegsame, mit Blüten verzierte Mieder an der Frau, noch bevor sie einen Augenblick später meine Werkstatt betritt. Gemeinsam tauchen wir ein in ein wahres Meer von Materialien und Gestaltungsmöglichkeiten. Erdachtes umsetzen, mich überraschen lassen, über mich hinauswachsen; so wird alles immer wieder neu. Das ist pures Glück für mich.

Fotos: Thomas Schmid, Christiane Noll und Katrin Pesch

Martina Pfeffer-Kaiser

http://werkraummamade.blogspot.de

Auf der Suche nach der verlorenen Zeit...

"Zeit" ist mein großes Thema. Meine Arbeiten sind sämtlich keine leichten Geburten. Ich gehe lange schwanger mit einem Projekt, „verbrauche" viel Zeit in der für andere, als auch gefühlt für mich selbst, scheinbar nichts passiert. Ideen müssen immer erst absinken, gären, reifen, sich verdichten, bevor ich beginnen kann. Der Kokon steht für Reifung, Metamorphose. Die Fruchthöhle bietet die Möglichkeit sich in einem geschützten Raum geborgen eine Zeitlang zurück zu nehmen.

Fotos: Mathilda Pfeffer-Kaiser

Brigitta Pfeiffer

www.filzsache.ch

Filzen ist für mich der Bereich, wo ich etwas ganz eigenes schaffen kann. Als Inspirationsquellen dienen mir Formen, Farben und Strukturen aus meinem direkten Umfeld - sie öffnen mir täglich die Tür zu all den Ideen für eine Umsetzung in Filz. Mich begeistert immer wieder neu, meine Entwürfe durch das Material Wolle sichtbar und fassbar vor mir zu sehen.

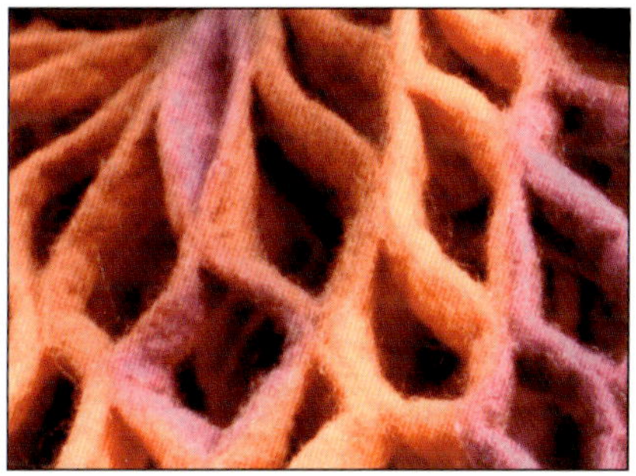

Fotos: David Pfeiffer

Marlies Piechotka

www.creatime.de

Ich lasse meinen eigenen Lebensraum, meine ganz persönliche Schöpfungskraft Wirklichkeit werden und erlebe eine wahre Liebeserklärung an das Glück. Haar für Haar, Tropfen für Tropfen und Faser für Faser.

Fotos: Gerhard Ecaroh Fröhlich und Werner Döppner Künstler

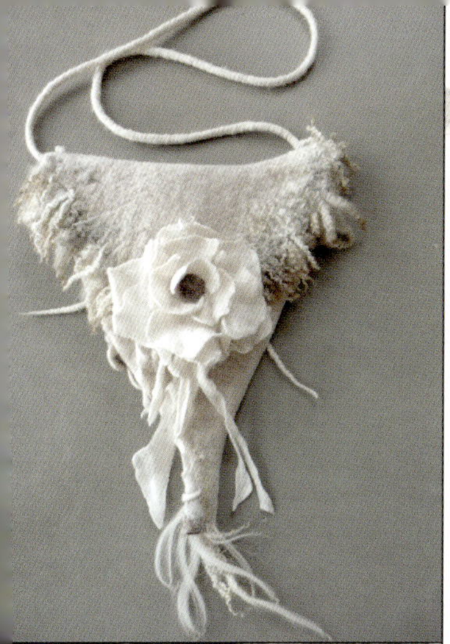

Monika Pioch

www.katzeundfilzkunst.de

Ich liebe es, Dinge herzustellen, die es zuvor nur in meiner Vorstellung gegeben hat. Dreidimensional, aus einem Stück, ohne Nähte. Dabei macht mir der Entwurf der Schablone ebenso viel Freude wie der anschließende Filzvorgang. Ein fertiges Filzobjekt überwältigt mich immer wieder aufs Neue: Nur mit meinen Händen, etwas Wolle, Wasser und Seife habe ich ein kleines Wunder geschaffen. Ein Leben ohne Filzen - unvorstellbar für mich!

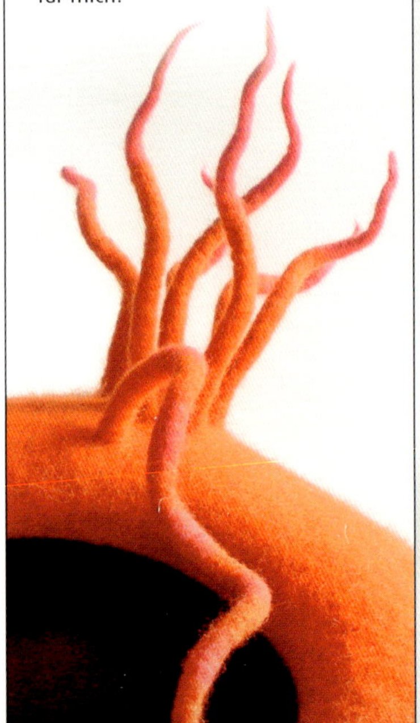

Anja Progl

www.filzansichten.blogspot.com

Filzen ist für mich mein Medium, mein Weg, Handwerk und Kreativität zu verbinden.
Das Beherrschen der Technik macht mich im Arbeitsprozess frei, erlaubt mir mit der Wolle und dem Design zu spielen. Meine Leidenschaft sind Kleidungsfilze mit interessanten, tragbaren Kragen. Perfektion ist mir sehr wichtig - erst wenn die Qualität des Werkstoff Filz und seine Tragbarkeit, Nutzbarkeit, stimmen, bin ich zufrieden.

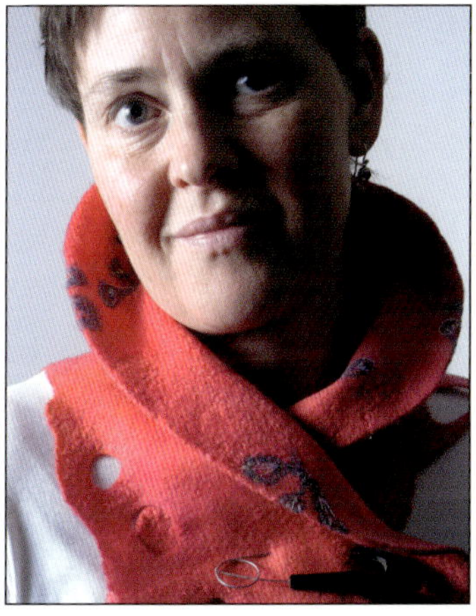

Fotos: Anja Progl

Marianne Puschner

www.puschner.at/marianne

Filzen ist für mich gestalten, experimentieren, erschaffen, meditieren. Ähnlich wie Ton ist dieses natürliche Material im nassen Zustand direkt mit meinen bloßen Händen formbar und behält nach dem Trocknen seine herausgearbeitete Kontur.
Das Filzobjekt aber bleibt weich, nachgiebig, und strahlt eine Wärme aus, die mich der Ton vermissen lässt. Immer wieder faszinierend finde ich den Umstand, dass während des Filzprozesses gleichzeitig Stoff und Form entstehen. Lose Fasern verbinden sich und werden Gestalt.

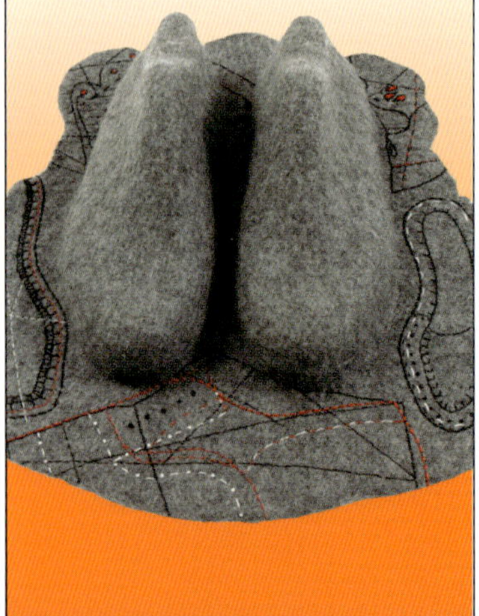

Fotos: Norbert Schmeisser und Peter Puschner

Susanne Ravasio-Müller

susan.ra@active.ch

Filzen ist für mich wahre Leidenschaft. Als ich das erste Mal mit dem Filzen in Berührung kam, war es wie Liebe auf den ersten Blick, und diese Verbundenheit ist nach nunmehr 18 Jahren noch so innig wie am ersten Tag. Ich finde es spannend mit Schablonen zu arbeiten, so erlebe ich immer wieder Überraschungen und lasse mich davontragen zu neuen Ufern und zum Glück.

Fotos: Hein Kellmann - Fotostudio Kasino

Stephan Reitmeier

www.filzatelier-im-isartal.de

Filzen ist für mich das Eintauchen in die unendliche Vielfalt unseres Daseins. Neugier und Hingabe lassen mich an einem schöpferischen Prozess teilhaben. Einen Weg beschreiten, der von der Außenwelt nach innen, und über das äußere Produkt wieder zurück in die Innenwelt führt.
Durch Feingefühl nehme ich wahr was ist: das Schaf, die Farbigkeit, die Formen und Zyklen der Welt. Durch Fokussierung und Ausdauer gelange ich zu Entspannung, Befriedigung, zu neuen Ideen und schließlich zur Wachheit. Ich erkenne meine inneren Prozesse, Heilung findet statt und das älteste textile Handwerk lebt fort . . .

Fotos: Stephan Kellmeier und Heidi Greb

Heike Reul

www.kunstgewand.de

Filzen ist für mich Erweiterung und Bereicherung meiner Malerei auf Seide, der ich seid 1984 professionell nachgehe. Das Nuno-Filzen eröffnet mir die Möglichkeit, meine zuvor gemalten Gewandstoffe partiell mit ausdrucksvollen, erhabenen Stukturen zu optimieren oder im Experiment gänzlich neue Stoffe zu erschaffen. Gefilzte Kragen oder Aufschläge verleihen meinen Kreationen hinreißende Akzente. Das Handwerk Filzen ergänzt als temperamentvoller Gegenpart, als ganzkörperlicher Akt, die eher ruhige, meditative Malerei. Der Geist weitet sich – wunderbar!

Fotos: Frank Buchna, Wilfried Meyer und Tim Detert

Margret Riedl

www.textilkunst-margret-riedl.de

Die Gemeinsamkeit aller textilen Techniken liegt in der Sanftheit des Materials und in monotonen Bewegungsabläufen. Seit Jahrhunderten wissen Frauen von der Magie dieser Arbeiten: Rückzug in eine eigene Welt ohne Widerstände, nur dem eigenen Anspruch verpflichtet, erleben, wie Spannungen sich auflösen und Energie in gefühlt Gewusstes fließen kann. Meine Wandobjekte filze ich ohne Entwurf. Ich traue meinen spontanen Entscheidungen, die mich assoziativ in einen bildnerischen Zusammenhang führen.

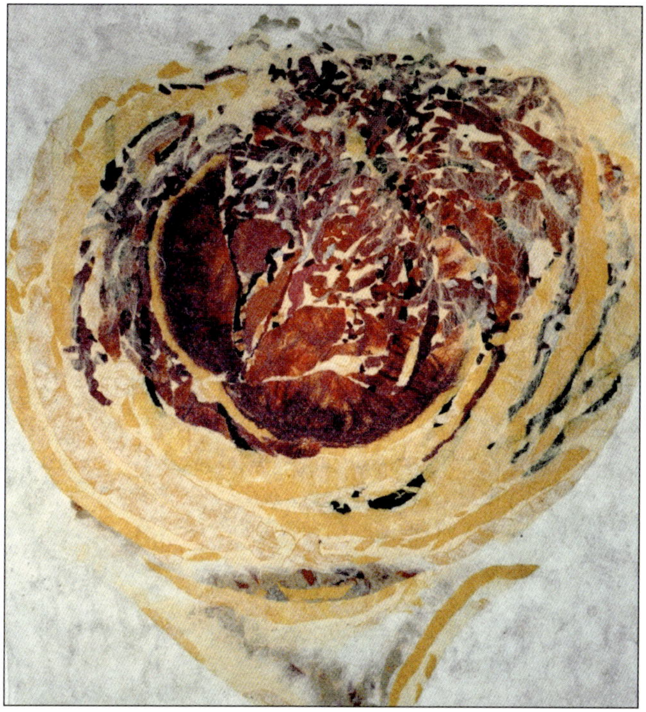

Fotos: Rainer Müller

Margit Röhm

www.triluna.de

Filzen ist für mich die schier unendliche Möglichkeit textiler Gestaltung. Die Vielseitigkeit des Materials und seine unzähligen Kombinationsmöglichkeiten eröffnen mir immer wieder neue, reizvolle Perspektiven für meine Arbeit - und dennoch bleibt dieser letzte Funke Unkalkulierbarkeit, der dem Ergebnis ein ganz besonderes Eigenleben verleiht und mich stets überrascht.

Fotos: Margit Röhm

Christiane Roth

www.filzkunstwerk.de

Filzen ist für mich eine ewig
spannende Entdeckungsreise:
zu neuen Werkstoffen, Techniken,
Menschen, zu mir selbst.
Es ist mir außerdem das ideale
Bindeglied zu meiner zweiten
Passion, der Floristik.
Gefilzte Objekte zur floristischen
Verwendung oder Floristik mit
Filzelementen - eine Paarung
mit unglaublichem Potential!

Fotos: Christiane Roth

Beate Rothenbacher

http://werkstatt19.blogspot.be

Filzen ist für mich der Dialog mit meinem Lieblingsmaterial. Jedes Schaf liefert einzigartige Wolle, und die Auswahl der Faser bestimmt das visuelle und taktile Erscheinungsbild des Filzes.
Mich reizt das Zusammenspiel von Kunst und Handwerk, die moderne Umsetzung einer Jahrtausende alten Technik. Ich liebe diese pure Handarbeit, den unmittelbaren Kontakt mit dem Rohstoff, den Moment, wo im Prozess die Wolle zu Filz wird. Filz ist mein künstlerisches Ausdrucksmittel, fordert mir Ausdauer ab, ist kräftezehrend und entspannend zugleich. Experimente, die Suche nach neuen Strukturen und Materialkombinationen sind mir Herausforderung und beglückendes Wagnis.

Fotos: Beate Rothenbacher

Katharina Ruetz

Foto: Adam Ruetz

www.textilwerkstatt-ruetz.at

In der Auseinandersetzung mit Filz werde ich immer wieder herausgefordert, mich mit meinen kreativen Energien zu verbinden und Neues zu schaffen.
Jedes größere Projekt bewirkt persönliche Weiterentwicklung.
In meiner textilen Arbeit verbinde ich verschiedene Techniken, wie Färben, Stricken und Nähen mit Filz, um der jeweiligen Funktion des Werkstückes gerecht zu werden.
Meine Schwerpunkte liegen dabei auf individueller, aber tragbarer Kleidung sowie auf künstlerischer Raumgestaltung.

Fotos: Abber Melitta

Gia Sautter

klausundgia.sautter@t-online.de

Filzen ist für mich der Reiz, aus losen Wollfasern dreidimensionale Figuren mit Charme, Charakter und Witz zu gestalten - wobei ich viel Sorgfalt und größten Wert auf einen eigenen Ausdruck, und in liebevoller, aber auch augenzwinkender Weise die Wiedererkennung allzu menschlicher Eigenarten oder Marotten lege. Meine ganz besondere Handschrift mit der Filznadel soll beim Betrachter ein Schmunzeln ins Gesicht zaubern.

Cora Corsage

Tortenglück

Komplementär

Walli Wellness

Hildegard

Fotos: Gia Sautter

Beatriz Schaaf-Giesser

www.beatriz-schaaf-giesser.de

Dem Filz die dritte Dimension sowie eine bildhafte Aussage abzugewinnen stehen im Zentrum meiner künstlerischen Arbeit. In Montevideo geboren, verfolge ich als freischaffende Künstlerin und Textildesignerin eine stark konzeptionell ausgerichtete Arbeitsweise. Die Werkgruppen der letzten Jahre befassen sich mit Themen der Identität und Emigration. Zum Teil schöpfe und zitiere ich aus meiner eigenen Familiengeschichte, der Entwurzelung, der Auswanderung und meiner neuen Heimat.

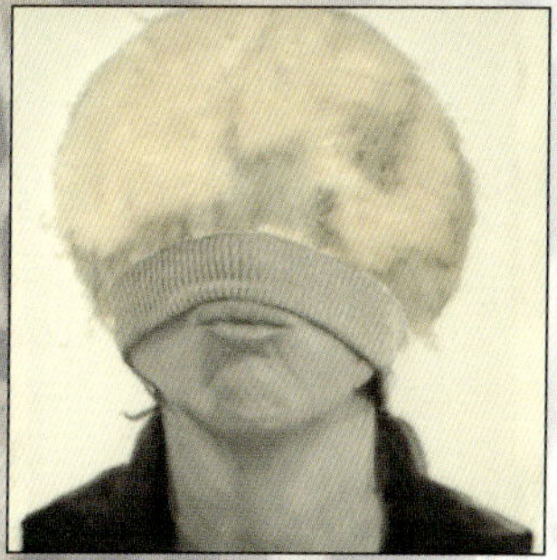

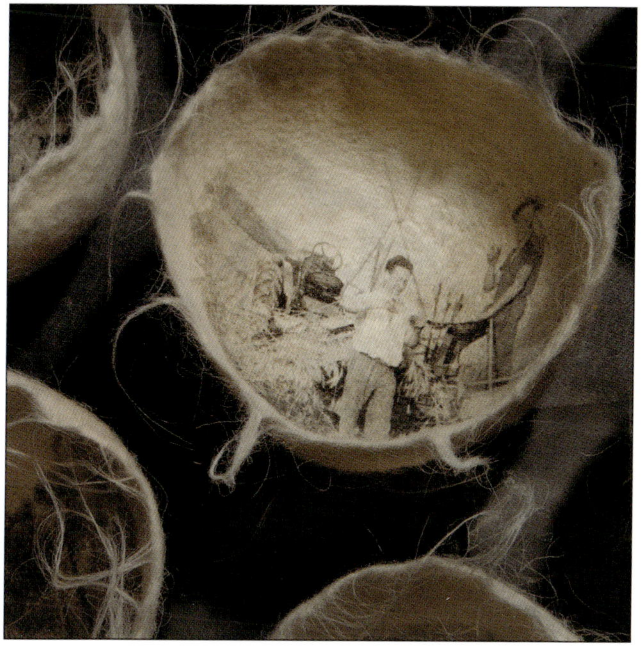

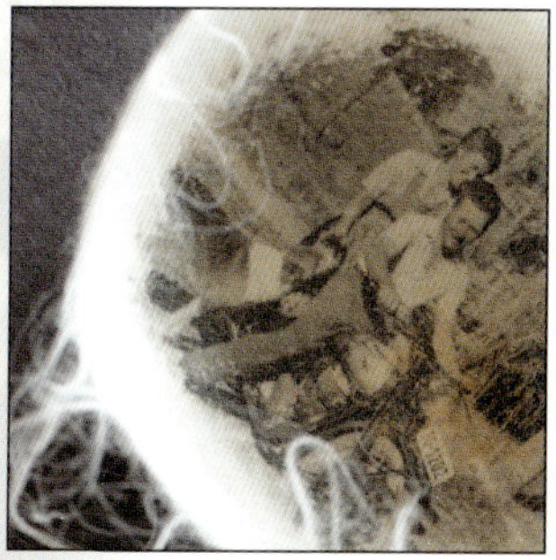

Fotos: B. Schaat-Giesser, Solutioncube und Tilo Schmid

Barbara Schär

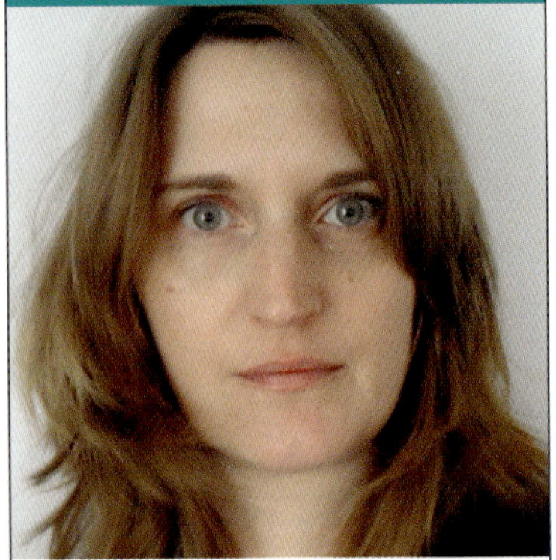

http://littletreasures7.blogspot.com

Zu Beginn meiner Arbeiten entsteht immer erst ein Filz, er ist sozusagen der Boden, auf dem meine Stickereien wachsen und gedeihen.
Filzen bedeutet für mich in mich zu gehen, innere Betrachtungen als Impulse zu nutzen, und dann mit einer neuen Idee wieder aus mir heraus zu kommen. Ohne das Filzen wäre ich nicht künstlerisch tätig, ich habe im Filz mein Material, mein Medium, meine Ausdrucksform gefunden.

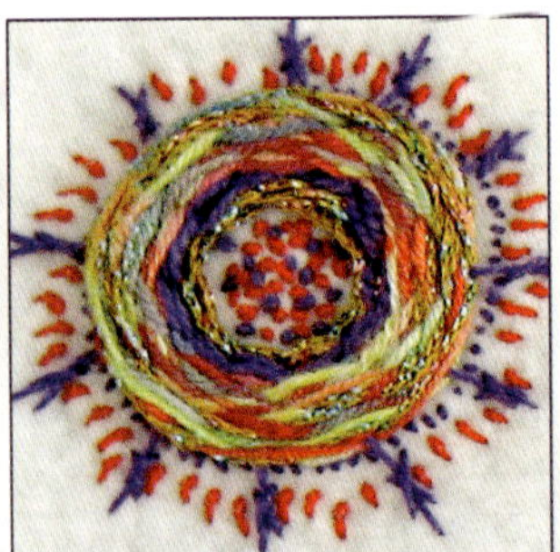

Fotos: Barbara Schär

Brunhilde Scheidmeir

www.filzkultur.de

Filzen ist für mich der Ursprung, die Wurzel meiner textilen Arbeit . . . ohne Färben nicht mehr denkbar. Und die eleganteste Form der Färberei ist für mich Ecoprint!

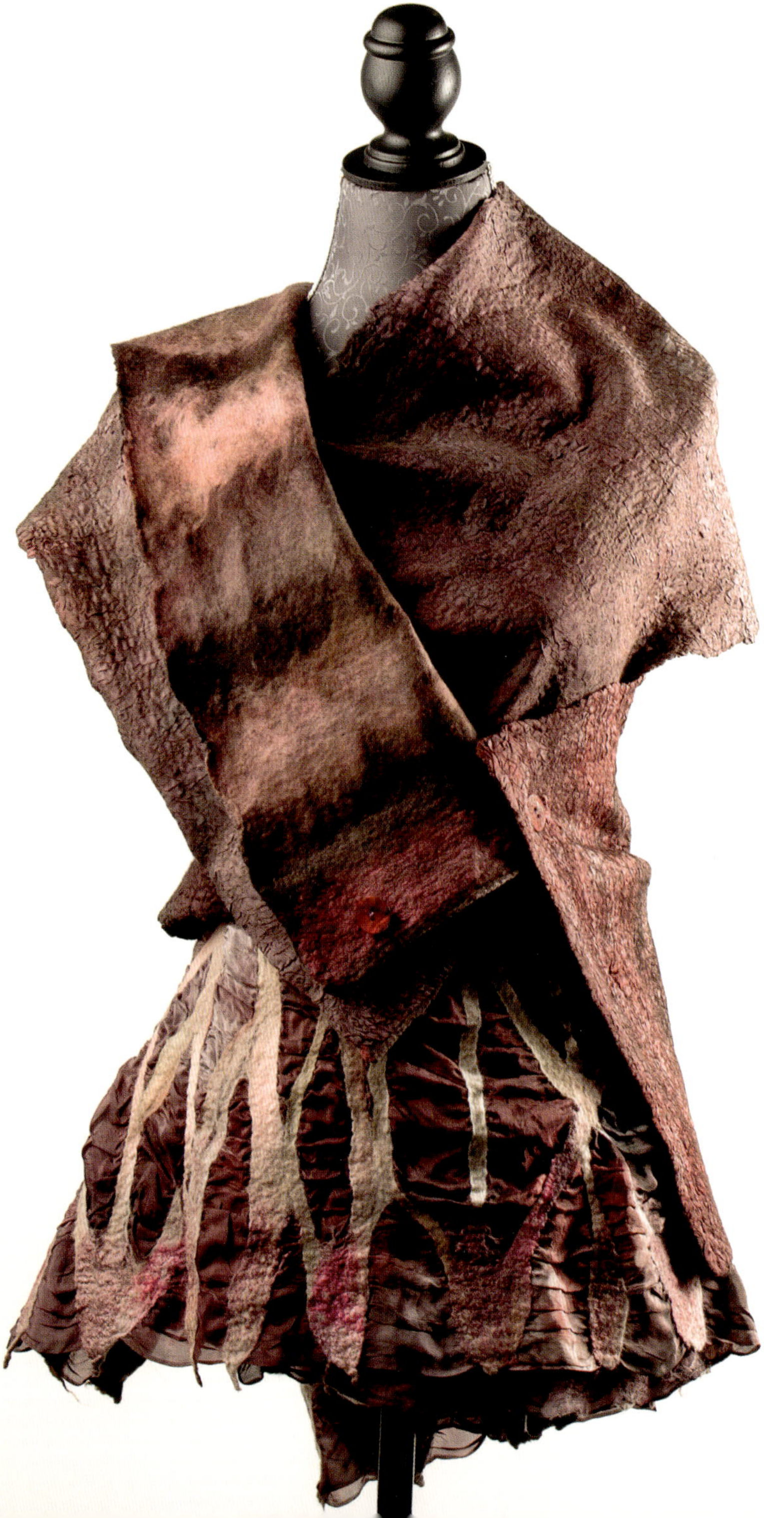

Fotos: Andreas Scheidmeir

Dianne Schepers

www.pure-felt.com

Filz symbolisiert für mich die Kraft der ultimen Verbindung zwischen uns Menschen. Die Kreationsprozesse meiner Filzkunst, meistens auf vertikalen, dreidimensionalen Oberflächen im (Innen)Architekturbereich, verbinden mich mit meinem Ursprung, der Natur, der Menschheit. Das Berühren der Filzstrukturen, das Erleben der Energie der Filzoberflächen im Raum sind mir wichtig, gleichgültig ob sehend, sehbehindert, Kunstliebhabende oder nicht.
Die Filzkunstprojektaufträge von \`PURE FELT AFRICA' in Kapstadt erlauben mir, dieser Verbindung anhand verschiedener Projekte für arbeitslose südafrikanische Jugendliche eine zusätzliche soziale Dimension hinzuzufügen. Meine Kunst als Bewusstseinsförderer der Grossunternehmen und der Gesellschaft zur Einbeziehung südafrikanischer Sehbehinderter einzusetzen, ist Teil meines Traumes an dem ich alltäglich arbeite.

Fotos: Dianne Schepers und Leon Oosthuizen

Kerstin Scherr

www.trollino.de

Filzen ist für mich ein sehr wertvoller Schatz, den ich hüte und pflege, an dem ich andere teilhaben lasse, meine Begeisterung für ihn weitergebe. Von der Rohwolle, die ich selbst färbe, bis zum fertigen Stück, erlebe ich jedes Mal einen intensiven, kreativen und wunderschönen Prozess. Am liebsten kreiere ich Kleidung mit möglichst vielen verschiedenen Materialien, interessanten Farbkombinationen und witzigen Details. Aber auch die Gestaltung anderer Objekte stellen einen großen Reiz für mich dar. Ich arbeite dabei mit verschiedensten Techniken.

Fotos: Kerstin Scheil und Connie Kaspar

Franziska Schollbach

schollbach@gmx.net

Filzen bedeutet für mich eine nahezu unbegrenzte Vielfalt an Gestaltungsmöglichkeiten.
Aber auch die Herausforderung, mich zu beschränken, auszuwählen, zu verwerfen, um zu einer klaren Farb-und Formensprache zu kommen.

Fotos: Judith Müller, Franziska Schöllbach und Franziska Storch

Sigrid Schwarzenberger

www.natuerlich-filzen.de

Filzen ist für mich die Kunst, mich auf Wesentliches zu konzentrieren. Mich fasziniert die Ausdruckskraft der unterschiedlichen Wollen und Wollkombinationen. Durch eine klare Formgebung kann deren Charakter zu Tage treten.

Fotos: Sigrid Schwarzenberger

Tatjana Yvonne Seehoff

www.tys-werkstatt.de

Im Spannungsbogen zwischen den Polen federleicht – erdenschwer kombiniere ich Seide mit Wolle, mal zart, mal streng, mal verspielt in Farbe oder Schwarzweiß. Einem inneren Impuls folgend gestalte ich tragbare Filzkunst, die hohen ästhetischen Ansprüchen genügen soll. Alltagstaugliche und langlebige Taschen, Kleidungsstücke und Schals als Accessoires für die modebewusste Frau – abseits vom Mainstream.

Fotos: Philip Deutscher und Udo W. Baier.

Charlotte Sehmisch

www.magarimagari.de

Filzen ist für mich immer wieder anders. Es gab Monate und Jahre, in denen ich begeistert versuchte, besondere Menschen in nahtlose Hüllen zu kleiden oder mit kunstvollen Hüten zu krönen. Dann auch war es mir ein Bedürfnis, das handwerkliche Wissen meiner Großmütter für die Gestaltung interessanter Oberflächen in Filz zu betten. Später kam die dritte Dimension hinzu, in Wandreliefs und Rauminstallationen. Im Moment inspirieren mich Geometrie, Konstruktionen, starke Nähgarne und Industriefilz. Und nächstes Jahr? Mal sehen.

Fotos: Alexander Burzik

Jeanette Sendler

www.sendler.co.uk

Als Künstlerin lebe ich von den Stories, die tief in der Kultur und der sozialen Geschichte von Ländern verankert sind. Orte und Plätze die ich bereise, verbinden mich direkt mit meinen Filzarbeiten und den unmittelbaren Einzelheiten des sozialen Umfeldes. Ursprünglich aus Ost Berlin stammend, lebe ich seit 1991 in Schottland. Ich habe überall in diesem Land gearbeitet, doch am intensivsten fühle ich mich mit dem Norden verbunden, hier besonders mit den Shetland Inselgruppen. Ich arbeite vornehmlich mit Erinnerungen , Fragmenten von Dingen aus längst gelebten Leben, und webe mit meinen so entstandenen Filzen und textilen Mixed Media Arbeiten eine zauberhafte und zeitlose Landschaft.

Fotos: Jeanette Sendler, David J Ford und Joanna Kane

Antje Spychay

Foto: Kerstin Spychay

antjespychay@gmail.com

Neulich fragte mich mein Sohn, ob ich außer filzen noch etwas anderes mache.
Ja, ich esse, gehe spazieren, fotografiere, lese, entwerfe, treffe mich mit meinen Mitbewohnern auf ein Käffchen im Garten und halte ein Schwätzchen mit unseren Hühnern... doch eigentlich wohne ich in meiner Werkstatt und träume in Filz. Ursprünglich wollte ich meinen Objekten und Bildern durch Filzstücke nur eine neue Dimension geben. Doch dann versuchte ich in vielen (oft autodidaktischen) Experimenten, alles in Filz umzusetzen, was mich umgibt. Zunächst waren es Gebrauchsgegenstände, Tiere, Figuren. Seit zwei Jahren arbeite ich hauptsächlich an Bildern und Objekten.

€2.44
Shipping costs €7.50
Total incl. VAT €37.00

Ariane Mariane Sroka

www.arianemariane.com

Filzen ist für mich die Kunstform, in der ich mich völlig frei entfalten kann. Die schier unbegrenzten Gestaltungsmöglichkeiten, passen zu meinen wechselhaften Launen und meiner Spontanität. Ich kann zwischen zwei und dreidimensionalen Arbeiten hin und her springen und oft entscheide ich, noch während des Arbeitsprozesses, was nun aus diesen fröhlich bunten Fasern zwischen meinen Fingern wird. Es ist wie auf Entdeckungsreise zu gehen, Geschichten zu erfinden und dabei über mich selbst und die Welt nachzudenken.

Foto's: Ariane Mariane Sloka

Sascha Strickler

http://eimalig.ch

Filzen ist für mich eintauchen in eine Welt schier unbegrenzter Möglichkeiten. Spielerisches Experimentieren, Verwöhnen der Sinne mit all den Farben und verschiedenen Wollsorten. Ob nass gefilzte, widerstandsfähige Möbelbezüge, oder zarte, trocken gefilzte Gesichter und Figuren, dieses abwechslungsreiche Handwerk begeistert mich immer wieder aufs Neue und inspiriert mich zu weiteren Projekten.

Fotos: Foto Dubler und Josef Stocker

Sandra Struck-Germann

www.filzwerkstatt.info

Filzen ist für mich Meditation und Leidenschaft. Ich liebe jede Phase des Filzprozesses: Die Planung, wenn vor meinem inneren Auge ein Bild entsteht, das Färben der Wolle, wo die vielen Farbübergänge und Nuancen erscheinen. Während des Auslegens kann ich wunderbar die Zeit vergessen, und sobald aus den losen Fasern ein fester Stoff wird, den ich modellieren kann, ist genau das der Moment, auf den ich hinarbeite.
Das Ergebnis ist immer wieder eine Überraschung: Habe ich alle Lagen und Farbschichten richtig bedacht? Und ein fast schon euphorisches Glücksgefühl, wenn es meinem inneren Bild entspricht.

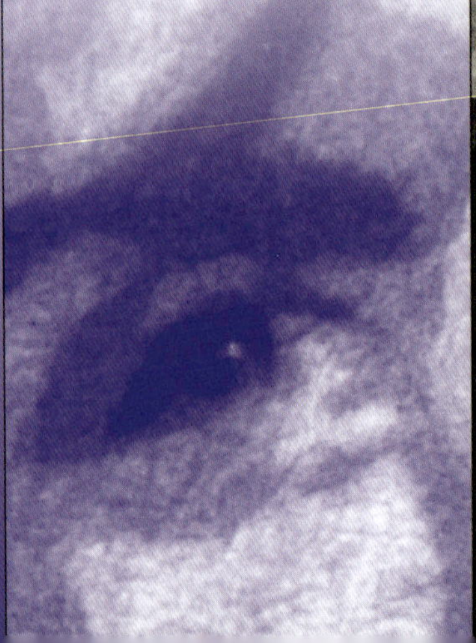

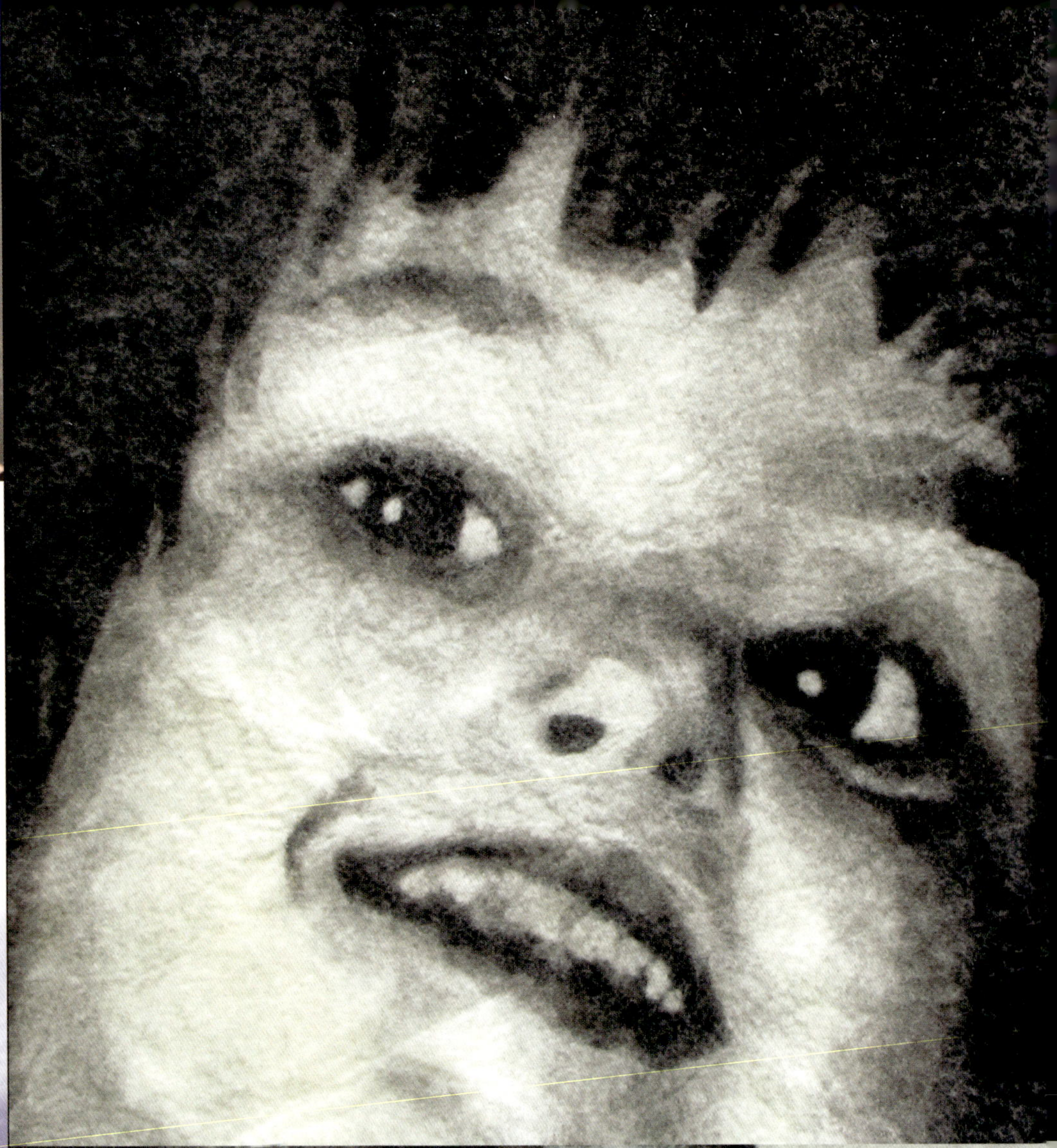

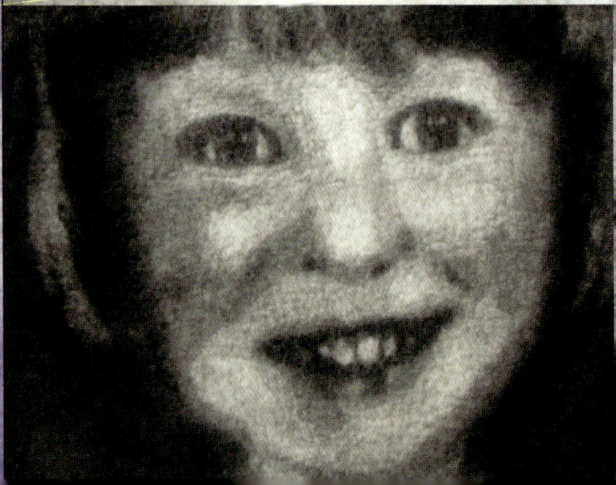

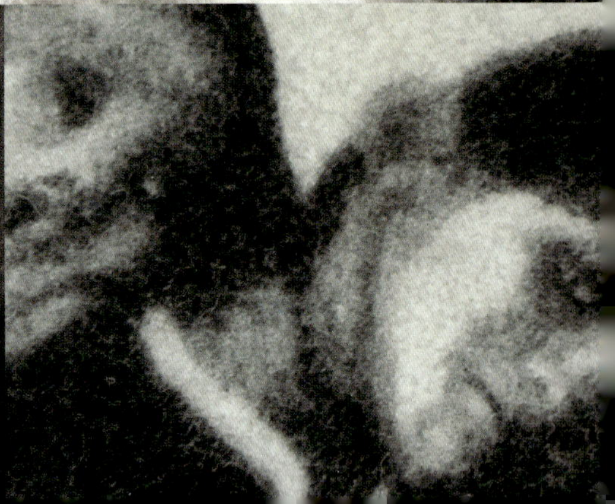

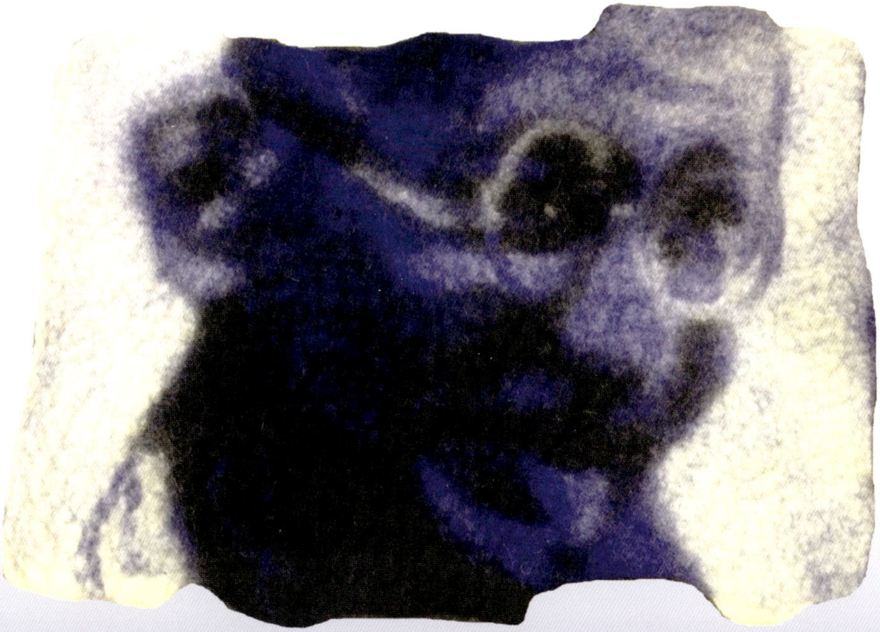

Fotos: Max Unterharnscheidt und Sandra Struck-Germann

Anne-Rose Stumpf

www.annerosestumpf.com

Meine Leidenschaft für das Filzen steht in engem Zusammenhang mit meiner Sensibilität für das Ursprüngliche. Mich fasziniert die haptisch sinnliche Erfahrung der Verwandlung, das Ungezähmte des Filzprozesses, in den meine Bewegungen, Tanzerfahrungen und Natureindrücke einfließen. Die einzigartigen skulpturalen Eigenschaften und Texturen des Filzes ermöglichten mir, meine ureigene Signatur zu entdecken, Filzobjekte in einer archaischen Formsprache zu entwickeln, die Themen wie Zugehörigkeit, Weiblichkeit, Regenerationskraft und steinzeitliche Höhlenkunst widerspiegeln. In meinen aktuellen Lichtobjekten begegnen sich Urmaterial und moderne Lichttechnologie. Die Farbwahl des Lichts oder langsame Farbwechsel verändern Transparenz und Ausdruck sowie die Atmosphäre im Raum. Es entsteht Bewegung.

Fotos: Anne-Rose Stumpf

Katharina Thierer

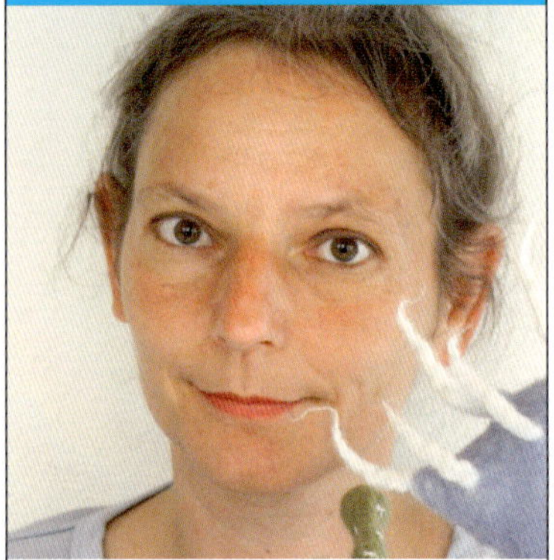

http://allerleirauh-bittet-zum-tee.blogspot.ch

Als Puppenspielerin ist das Filzen für mich untrennbar verbunden mit meiner Liebe zu Puppen und Fabelwesen. Es ist mir zugleich Faszination und Erfüllung, dass ich aus einem weichen, watteähnlichen Material nur mit Hilfe von Wasser und Seife eine bunte Märchenwelt entstehen lassen kann. Durch die unendliche Vielfalt an Gestaltungsmöglichkeiten und mein Bestreben, meinen eigenen Stil kontinuierlich weiter zu entwickeln, ist das Filzen für mich im Laufe der Jahre zu einer wahren Angelegenheit des Herzens geworden.

Fotos: Katharina Thierer

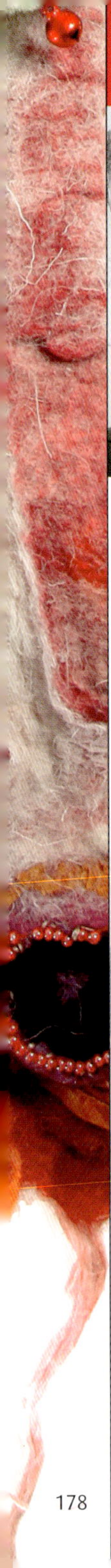

Karen Betty Tobias

www.wunderwesen.de

Filzen ist für mich . . . Erdung
und Einswerdung mit der Natur.
Es ist mir Meditation, Kreation
und eine nie endende Entdeckungsreise durch Farben, Übergänge,
Strukturen und Räume.

Wenn ich mit anderen Menschen
filze, schafft der Filz die Verbindung
zwischen uns.
Egal welchen persönlichen
oder kulturellen Hintergrund
wir haben, wir wachsen
zusammen.

Photos: Peter Kerschgens, Anna Silvia Bins und Karen Betty Tobias

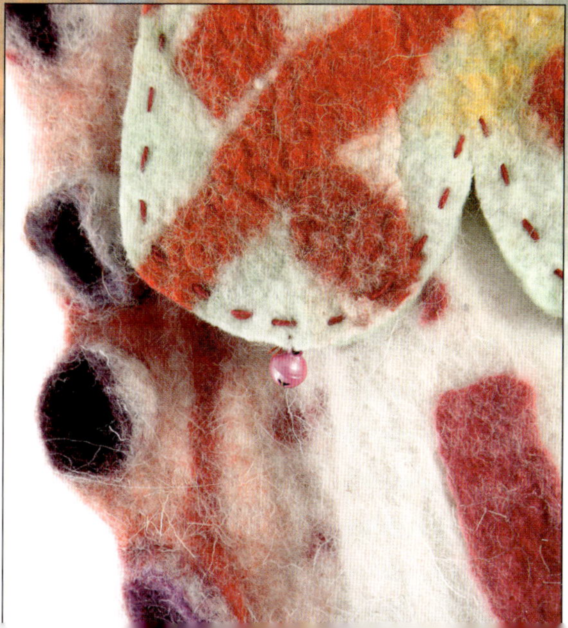

Ute Uhlmann

www.figurike.de

Filzen ist für mich das Ineinanderfliessen von Himmel und Erde am Horizont.
Es bereitet mir große Freude und innere Zufriedenheit, mit Hilfe des wunderbaren Materials Wolle und des faszinierenden Filzprozesses den unzähligen Geschichten, die täglich um uns herum geschehen, in einer Figur oder einem Bild eine Gestalt zu verleihen.
Charaktere abzubilden, in denen wir unsere Mitmenschen mitunter schmunzelnd wiedererkennen.

Fotos: Hans König

Ulrike Unterlass-Klinger

www.unterlass.at

Filzen ist für mich nahtlos, natürlich, verdichtet, untrennbar verbunden. Kommunikation mit den schwierigen Seiten in mir, Spiegelung meines Inneren.
Wo ist mein Vertrauen? frage ich den Mutmacher. Wie viel Ruhe erlaube ich mir? frage ich die Emse. Wir wollen wahrgenommen werden! pflichtet mir das Ratzl bei. Vereinen wir unsere Ressourcen! meint die Gegenwärtige. Liebe die Leichtigkeit! sagt der Twuff. Geh deinen neuen Weg! ruft mir der Querdenker zu.

Fotos: Peter Bös

Jessica von der Fecht

www.mobifilz.com

Filzen ist für mich die Manifestation meiner kreativen Gedanken.

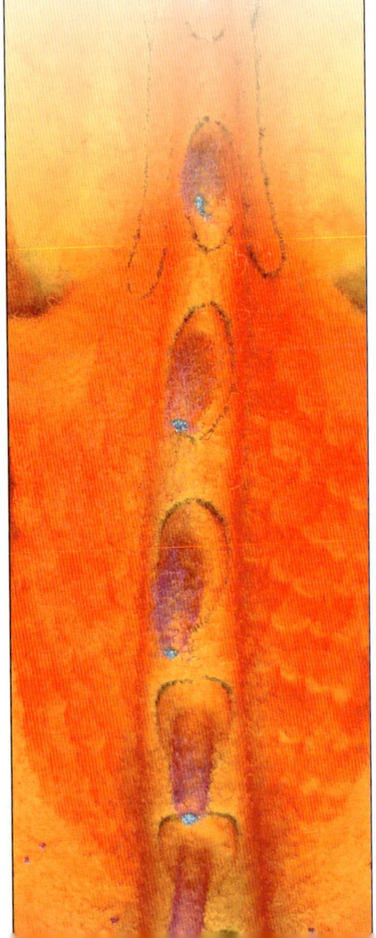

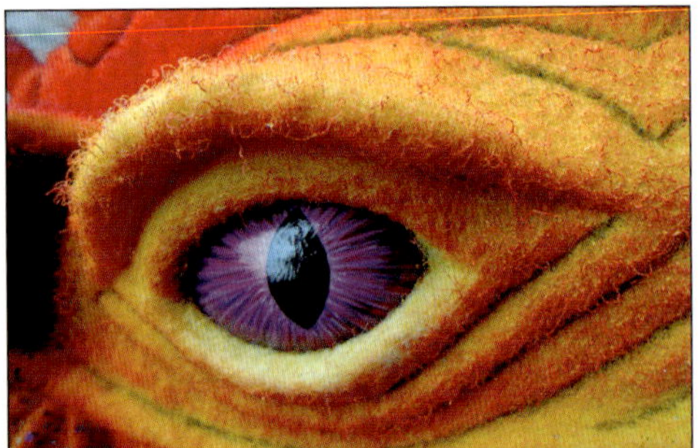

Fotos: Jessica von der Fecht

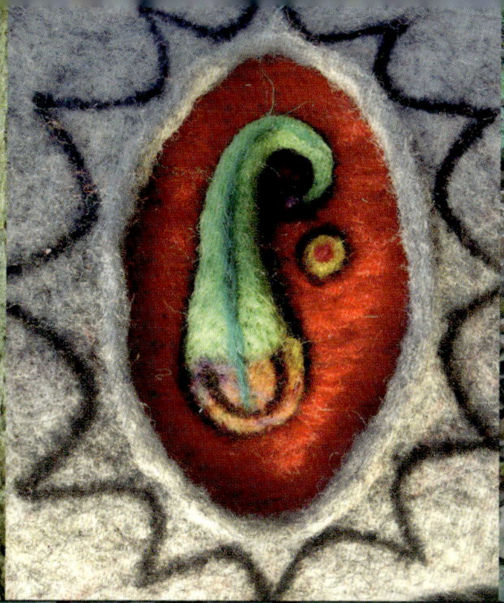

Frauke Walder

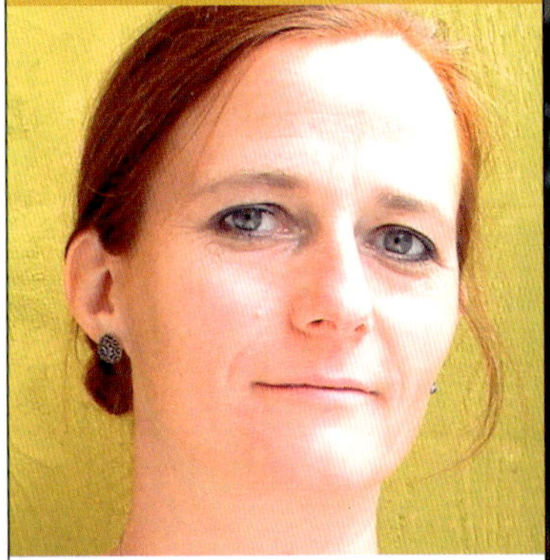

frauke-filz.de

Filzen ist für mich Ausdruck meiner Ideen, egal ob Kunst, Kleidung oder Gebrauchsgegenstände. Filz kann ich mit vielen anderen Techniken in Verbindung bringen, Sticken, Stricken, Weben, Malen... mir sind fast keine Grenzen gesetzt, das fesselt mich.
Mein Schaffen wandelt sich immer wieder - Zeiten in denen Bilder im Vordergrund stehen, dann wieder Kleidung oder intensives Färben und Besticken von Materialien und fertigen Arbeiten. Filz beschäftigt mich täglich, ist mir zum Begleiter geworden.

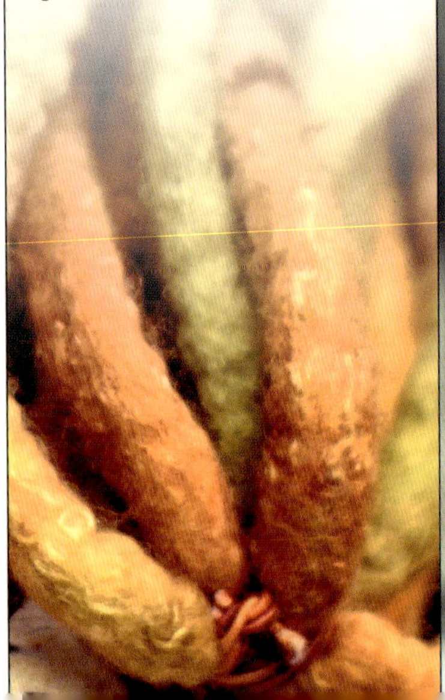

Fotos: Henning Persian

Ruth Zenger

ruth.zenger@gmx.de

Filzen ist für mich die künstlerische Umsetzung von Stimmungen, die ich an besonderen Orten empfinde, angeregt und angereichert durch die lebendigen Formen und Strukturen der Natur. Im Entstehungsprozess meiner Filzobjekte versuche ich diesen Texturen und Oberflächen nachzuspüren, das Wesentliche, die Essenz zum Ausdruck zu bringen. Diese Gestaltwerdung dauert sehr häufig über einen längeren Zeitraum an – oft überarbeite ich meine Werke wieder und wieder. Gelingt es mir schließlich, mich meiner ursprüng-lichen Inspiration so weit wie nur möglich anzunähern, erfüllt mich eine tiefe innere Zufriedenheit.

Fotos: Ricarda Aßmann, Milan Loebner, digital Foto Kraus und Ruth Zenger

PassionFilz ist in 3 Sprachen erhältlich:

Holländisch: ISBN 978-90-818476-8-1

Englisch: ISBN 978-90-818476-9-8

Deutsch: ISBN 978-90-818476-6-7

Bereits erschienen: Textillebt!

Holländisch: ISBN 978-90-818476-3-6

Englisch: ISBN 978-90-818476-5-0

Deutsch: ISBN 978-90-818476-4-3

Bereits erschienen: Filzen ist für mich . . .

Holländisch: ISBN 978-90-818476-0-5

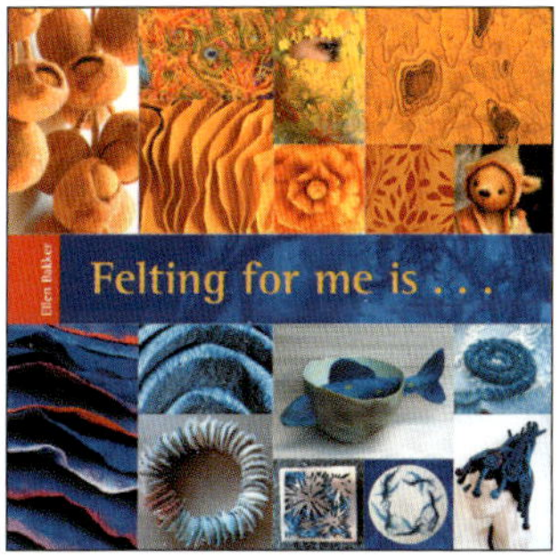

Englisch: ISBN 978-90-818476-1-2

Deutsch: ISBN 978-90-818476-2-9

Alle Bücher sind über Textil-link zu bestellen und auch erhältlich bei verschiedenen Lieferanten und in Online-Shops.

Weitere Informationen:
www.textil-link.de
info@textil-link.de

Textillebt!

Mehr als 250 Kunst- und Designschaffende aus den Niederlanden und Belgien mit einer Passion für das Textile zeigen in 1500 Farbabbildungen ihre Kunstobjekte, Schmuck, Interior Design, Kleidung und Accessoires, Experimente und andere textile Ausdrucksformen. Sticken, Stricken, Häkeln, Malerei/Stoffdruck, Filzen, Nähen, Stanzen, Weben, Quilten, Mixed Media und andere (neue) Techniken.

Gebundene Ausgabe
192 Seiten
im Großformat 235x235 mm

Filzen ist für mich . . .

Ein farbenfrohes und inspirierendes Buch, in dem 93 Filzer(innen) ihre Spezialitäten zeigen und erzählen, was das Filzen für sie so besonders macht. Mit über 500 farbigen Abbildungen und einem attraktiven Design, ist es ein Buch, in dem man immer neue Anwendungsmöglichkeiten von Filz entdeckt. Von praktischen Gebrauchsgegenständen bis zu großen dreidimensionalen Kunstobjekten.

Gebundene Ausgabe
192 Seiten
Größe 165x165 mm

Druck Oktober 2013

ISBN 978-90-818476-6-7
NUR 646 - 655 - 474 - 656

Zusammenstellung und Koordination
Ellen Bakker
Ricarda Aßmann

Gestaltung
Ellen Bakker

Herausgeber
Ellendesign.nl
www.ellendesign.nl
info@ellendesign.nl

Alle Bücher sind über Textil-link zu bestellen und auch erhältlich bei verschiedenen Lieferanten und in Online-Shops.
www.textil-link.de
bestellen@textil-link.de

Newsletter Textiellink
Abonnieren Sie den Newsletter von Textiellink, damit Sie immer darüber auf dem Laufenden sind, welche Bücher in Zukunft auf dem Gebiet von Textil oder Papier erscheinen: www.textil-link.de